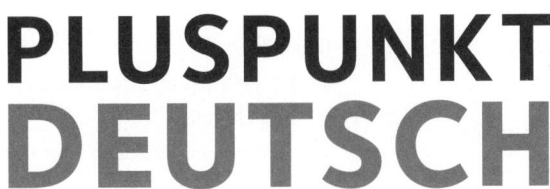

ARBEITSBUCH TEILBAND 2

LÖSUNGEN

B1.2

Cornelsen

Lösungen

7 Reisen und Verkehr

1

1. Geschäftsreise – Flug – Visum
2. Fahrkarte – Reservierung – Zug
3. Fahrt – Autopanne – Notrufzentrale – Pannendienst
4. Hotels – Pensionen – Ferienwohnungen – Campingplätze – Ferienzeit – Unterkunft
5. Radtour – Wanderung – Regensachen
6. Reiseführer – Sehenswürdigkeiten

2

1 am, im, auf, vom – **2** in, in – **3** nach, zu, bei – **4** durch, über

3

Beispiel:
Ich würde nicht gerne eine Reise mit einem Schiff machen.
Das finde ich langweilig und auf einem Schiff fühle ich mich nicht wohl.
Ich würde gerne einmal nach Südamerika reisen und dort in den Anden wandern gehen.

4

Beispiel:
1. Sie ist mit ihrer Familie viele Jahre an den Bodensee gefahren.
2. Sie wollen zu Hause in Rostock bleiben, weil sie dort erst seit sechs Monaten leben und noch keine Zeit hatten, die Stadt kennenzulernen.
3. Sie wollen sich die Stadt ansehen, Museen besichtigen, eine Fahrt mit dem Schiff auf der Ostsee machen, gemeinsam etwas mit Verwandten machen.

5a

	m	n	f	Pl.
Nom.	derselbe	dasselbe	dieselbe	dieselben
Akk.	denselben	dasselbe	dieselbe	dieselben
Dat.	demselben	demselben	derselben	denselben

5b

1 dieselben – **2** derselben – **3** derselben – **4** demselben – **5** dieselbe – **6** dasselbe – **7** denselben

6a

1 die Ausfahrt – **2** der Flughafen – **3** der Stau – **4** die Umleitung – **5** öffentliche Verkehrsmittel – **6** der Schienenersatzverkehr – **7** die Autobahn – **8** die Bauarbeiten

6b

1 Ausfahrt, Stau – **2** Schienenersatzverkehr – **3** öffentliche Verkehrsmittel – **4** Autobahn, Umleitung – **5** Bauarbeiten – **6** Flughafen

7a

A 2 – **B** 4 – **C** 1 – **D** 3

7b

Beispiel:
1. Gocha muss ab Stadtroda die Umleitung nach Jena nehmen.
2. Teresa muss zwischen Lahr und Offenburg den Bus nehmen.
3. Max muss um 10:57 Uhr die S-Bahn von Gleis zwei nach Lauf nehmen.
4. Elvira muss in den nächsten Bus umsteigen.

8

1 Kofferraum – **2** Kupplung – **3** Erste-Hilfe-Kasten, Warndreieck, Sicherheitsgurt

9

Ich möchte mein Auto kontrollieren lassen.
Nein, aber ich plane eine lange Autoreise.
Was bedeutet das?
Sagen Sie, wird das teuer?
Gut, und wann kann ich das Auto abholen?

10

du wirst – er/es/sie/man wird – wir werden – ihr werdet – sie/Sie werden
1 werden – **2** wirst – **3** werde – **4** wird – **5** werdet – **6** Werden

11

2. Die Suppe wird in einen Teller gegossen.
3. Die Suppe wird in der Mikrowelle warm gemacht.
4. Die Suppe wird mit etwas Salz und Pfeffer gegessen.

12

1. Auf der Baustelle wird ein Kino gebaut.
2. In der Innenstadt wird für mehr Radwege demonstriert.
3. Auf dem Markt werden Obst und Gemüse verkauft.
4. Im Zug werden die Fahrkarten kontrolliert.

13

1. Die Kinder räumen das Zimmer auf.
2. Der Vater bringt die Kinder ins Bett.
3. Die Mutter sucht die Geschenke aus.
4. Ein Supermarkt liefert die Tomaten.
5. Die Lehrerin erklärt die Grammatikregel.

14

Gestern wurde bekannt, dass es letzte Woche beim Training des Unterroder Fußballvereins einen Unfall gab, bei dem der Spieler Karim Astor am Bein verletzt wurde. Astor ist sofort ins Krankenhaus gebracht worden und wurde noch am selben Tag operiert. Er kann aber in den nächsten Wochen nicht trainieren.

15

Beispiel:
Die Fenster wurden geputzt und die Kleidung wurde gebügelt. Die Blumen wurden gegossen.
Die Spülmaschine wurde ausgeräumt und das Geschirr wurde in den Schrank gestellt.
Die Küche wurde aufgeräumt. Die Bücher wurden ins Regal gestellt.

16

1 Die Wohnung ist renoviert worden.
2 Das Wohnzimmer ist neu tapeziert worden.
3 Das Schlafzimmer ist gestrichen worden.
4 Die neue Küche ist eingebaut worden.
5 Die Lampen sind aufgehängt worden.

17

1 geworden – 2 worden – 3 worden – 4 worden – 5 geworden – 6 geworden

18

1 Sozialversicherung – 2 Haftpflichtversicherung – 3 Rechtschutzversicherung – 4 Lohnsteuer – 5 Kirchensteuer – 6 Nettogehalt – 7 Versicherungsschutz – 8 Hausratversicherung

19a

Neuwagen: Fernando, Gebrauchtwagen: Luis

19b

Richtig: 1, 2
Falsch: 3, 4, 5

20

Ich finde, dass man immer die Verkehrsmeldungen hören sollte, wenn man Auto fährt. Dann ist man immer über Staus, Baustellen oder Unfälle informiert und weiß, wie lange eine Fahrt dauern kann.

Deutsch Plus

21a

1 ADAC – 2 VCD – 3 adfc

21b

Beispiel:
1 Alle drei Clubs bieten einen Pannendienst an.
2 Alle drei Clubs haben eine Mitgliederzeitschrift.
3 Der adfc und der VCD setzen sich für die Interessen der Radfahrer ein.
4 Besonders für den adfc und den VCD ist Umweltschutz ein wichtiges Thema.
5 Der ADAC setzt sich gegen ein allgemeines Tempolimit auf den deutschen Autobahnen ein. Der VCD ist für ein Tempolimit von 120 km/h auf der Autobahn.

Wichtige Wörter

1

1 Werkstatt – 2 Schienenersatzverkehr – 3 Ölstand – 4 ausschildern

2a

1 streiken – 2 fahren – 3 warten – 4 beginnen – 5 planen – 6 sitzen

2b

Beispiel:
1 Die Fahrbahn ist wegen Bauarbeiten gesperrt.
2 Am Flughafen wird heute gestreikt.
3 Wir treffen uns heute zur Urlaubsplanung.
4 Kinder sollten einen Kindersitz haben.

4a

1 E – 2 N – 3 B – 4 F – 6 G – 7 P – 8 H – 9 K – 10 O – 11 L – 12 A – 13 C – 14 D – 15 M – 16 I – 17 J
5 – Gangschaltung kann nicht zugeordnet werden.

6a

Foto B

6b

Richtig: 1, 4
Falsch: 2, 3

Lösungen

8 Ein neuer Start

1
Richtig: 1, 4, 5
Falsch: 2, 3

2
Beispiel:
Wenn man selbstständig ist, hat man viel Verantwortung. Man muss sich um alles selbst kümmern: die Versicherungen, die Rechnungen. Es ist deswegen wichtig, dass man gut organisieren kann und zuverlässig ist. Außerdem muss man flexibel sein, weil man seine Arbeitszeiten oft nicht gut planen kann.

3
1 führt – **2** gründen – **3** schaffen – **4** hat … beschlossen – **5** entwickelt – **6** aufnehmen

4a
Beispiel:
1 Beruf: Kfz-Mechatroniker
2 heute: angestellt in einem Autohaus
3 Mitarbeiter: sechs, am Schluss nur noch einen
4 Konkurrenz, zu wenig Kunden
5 regelmäßiges Gehalt, fester Urlaub, weniger Verantwortung, nette Kollegen, netter Chef, mehr Sicherheit

4b
Beispiel:
1 Herr Fuhrmann hat KFZ-Mechatroniker gelernt.
2 Heute ist er in einem Autohaus angestellt.
3 Früher hatte er sechs Mitarbeiter in seiner eigenen Firma.
4 Weil die Kunden zur Konkurrenz gegangen sind und er immer weniger verdient hat, hat er seine Firma geschlossen.
5 Jetzt ist er angestellt und sehr zufrieden. Er hat viel Urlaub, er bekommt jeden Monat sein Geld und er muss sich nicht mehr um alles kümmern.

5
1 **A** der – **B** den – **C** dem
2 **A** das – **B** das – **C** dem
3 **A** die – **B** die – **C** der
4 **A** die – **B** die – **C** denen

6
1 was genauso wichtig ist wie die Werbung in der Zeitung.
2 wo es mehrere Modegeschäfte gibt
3 was nicht einfach war.
4 wo viele Menschen vorbeikommen

7
1 was die Bewohner des Wohngebiets sehr ärgert.
2 wo eine Autobahn in der Nähe ist.
3 wo er eine Prüfung machen muss.
4 was ihn sehr gefreut hat.

9
1 kam – **2** probierten, verkauften – **3** hatten, suchten – **4** gingen, nahmen – **5** lief

10
2 Ich musste nicht mehr einkaufen, weil meine Kinder schon eingekauft hatten.
3 Nachdem der Unfall passiert war, wurde die Straße gesperrt.
4 Ida war schon mit 55 Jahren Rentnerin geworden und hatte dann mehr Zeit für ihre Enkelkinder und ihre Hobbys.

11
1 Als Herr und Frau Wang aus dem Urlaub zurückgekommen waren, wurden sie krank.
2 Er war in dem Bewerbungsgespräch überzeugend, denn er hatte sich gut über die Firma informiert.
3 Ich wollte dich zu Hause anrufen, aber du warst schon aus dem Haus gegangen.
4 Sie konnte gestern beim Sport nicht mitmachen, weil sie ihre Turnschuhe vergessen hatte.

12
Beispiel:
2 Ich hatte den Text fertig geschrieben. Ich habe den Text ausgedruckt.
3 Wir hatten den Knopf gedrückt. Der Aufzug kam.
4 Du hattest gestern Abend die Kaffeetassen und Löffel nicht abgewaschen. Deshalb konnte ich heute Morgen nicht gleich Kaffee trinken.

13
2 Nachdem Sibel einen Existenzgründerkurs gemacht hatte, suchte sie Räume für das Geschäft.
3 Nachdem sie Räume für das Geschäft gefunden hatte, nahm sie einen Kredit auf.
4 Nachdem sie einen Kredit aufgenommen hatte, meldete sie ein Gewerbe an.
5 Nachdem sie ein Gewerbe angemeldet hatte, bekam sie einen Brief vom Finanzamt.

14
Beispiel:
1 Ich bin ungeduldig geworden, nachdem du nicht angerufen hattest.
2 Ich habe angefangen Deutsch zu lernen, nachdem ich nach Berlin gekommen war.
3 Ich konnte mich auf der Behörde schon viel besser verständigen, nachdem ich vorher zu Hause Deutsch geübt hatte.

15
1 Wenn – 2 Danach – 3 Vorher – 4 Während – 5 Nachdem – 6 Damit

16
Geschäftsidee – Förderprogramm – Businessplan – Dienstleistungen – Standort – Qualifikationen – Mitarbeiter – Kapital – Experten

17a
1 D – 2 A – 3 F – 4 C – 5 G – 6 E – 7 H – 8 B

17b
Beispiel:
Ich habe beschlossen, mich selbstständig zu machen. Vorher will ich mich von Experten beraten lassen. Ich denke, dass ich einen Kredit beantragen muss.

18
1 Namen – 2 Herrn – 3 Franzose – 4 Fahrkartenautomaten – 5 Kollegen – 6 Polizisten

19
- Guten Tag, ich habe gesehen, dass Sie besondere Kreditangebote für Existenzgründer haben.
- Ja, was für ein Geschäft wollen Sie denn eröffnen?
- Meine Frau und ich möchten einen Taxiservice zu den Flughäfen anbieten.
- Haben Sie schon einen Businessplan?
- Ja, ich habe ihn auch mitgebracht. Hier ist er.
- Vielen Dank. Wie viel Geld brauchen Sie denn?
- Wir brauchen insgesamt 100.000 Euro. 30.000 Euro haben wir gespart.
- Also 70.000 Euro Kredit. Ich weiß aber jetzt noch nicht, ob Sie den Kredit bekommen. Vorher muss ich Ihre Unterlagen genau ansehen.
- Wann bekommen wir Bescheid?
- Ich rufe Sie in den nächsten Tagen an.

20
1 C – 2 D – 3 A – 4 B

22a
Betreff: Existenzgründerkurs
Sehr geehrter Herr Laskari,
es tut mir leid, dass ich morgen nicht zum Existenzgründerkurs kommen kann. Ich bin krank und muss zum Arzt gehen. Ich wäre Ihnen sehr dankbar, wenn Sie mir die Unterlagen vom Kurs zuschicken könnten. Meine E-Mailadresse ist g.laskari@gmx.de.
Vielen Dank für Ihre Mühe.
Mit freundlichen Grüßen

22b
Beispiel:
Unser Termin zur Kreditberatung am Mittwoch, den 10.10.xx, 12 Uhr

Sehr geehrter Herr Kaymaz,

wir haben am nächsten Mittwoch um 12 Uhr einen Termin wegen einer Kreditberatung. Leider kann ich den Termin nicht wahrnehmen, weil ich krank geworden bin. Ich bitte Sie, das zu entschuldigen. Könnten wir den Termin auf nächste Woche verschieben? Wann hätten Sie Zeit?
Und noch eine Bitte: Könnten Sie mir vielleicht diese Woche schon Informationen zu einem Kreditantrag zuschicken? Dann kann ich mich schon auf unseren Termin vorbereiten.
Vielen Dank.
Mit freundlichen Grüßen

Deutsch Plus

23a
Beispiel:
Kontakte zu anderen Freiberuflern
Ideen, Tipps, Kundenkontakte, Hilfe bei Problemen

23b
3 – 2 – 1

23c
Beispiel:
1 Im Text steht, dass Freiberufler oft allein zu Hause arbeiten und wenig Austausch mit Kollegen haben.
2 Der Stammtisch bietet Kontakte zu anderen Freiberuflern. Man kann Ideen und Tipps austauschen und bekommt aktuelle Informationen zum Thema Selbstständigkeit.
3 Wenn jemand einen Freiberufler sucht, kann er die Profile der Stammtischmitglieder ansehen und nach einem passenden Freiberufler suchen.

Wichtige Wörter

1
1 treffen – 2 auskennen – 3 erreicht, zurückzahlen – 4 trägt

Lösungen

2
1 ziemlich – **2** inzwischen – **3** kaum – **4** schließlich
A schließlich – **B** ziemlich – **C** inzwischen – **D** kaum

4a
2 – 1 – 4 – 3

4b
Drogeriemarkt: Einzelhandelsunternehmen – Versicherungsagentur: Dienstleistungsunternehmen – Automobilhersteller: Industrieunternehmen – Tischlerei: Handwerksbetriebe

6a
Beispiel:
A einen Flyer erstellen, Kunden werben
B an einem Existenzgründerseminar teilnehmen
C sich informieren, sich beraten lassen, einen Vertrag für eine GmbH abschließen, sich ins Handelsregister eintragen
D mit Freunden diskutieren
E einen Vertrag für eine GmbH abschließen, sich ins Handelsregister eintragen, einen Vertrag bei einem Notar abschließen
F Geschäftsräume besichtigen
G einen Kreditantrag stellen, einen Kredit aufnehmen
H sich verschulden, Zinsen zahlen, einen Kredit abzahlen
I Geschäftsräume einrichten

6b
Beispiel:
D – B – C – G – E – A – F – I – H

7
Foto A

9 Natur und Umwelt

1
Bauernhof – Stall – Kühe – Wiese – Biogasanlage – Energie – Feld – Wald – Gebirge – Tal – Bach

3a
Falsch

3b
Beispiel:
1 Auf dem Bauernhof ist es ruhig, es gibt wenig Verkehr, die Luft ist nicht so schmutzig wie in Stuttgart. Es gibt viel Platz, man kann wandern, die Kinder können gut spielen.
2 Sie können das Gebirge sehen.
3 Die Kinder konnten auf dem Hof und am Bach spielen und Tiere beobachten.
4 Die Kinder sind älter, hier gibt es keine Partys oder Kinos.
5 Der Kontakt ist sehr gut.

4
1 verschmutzung - kraftwerke – **2** qualität - wasser – **3** wandel - spiegel – **4** wirtschaft – **5** stoffe - schutz

5a
4 – 1 – 5 – 3 – 6 – 2

5b
Richtig: 2, 4
Falsch: 1, 3

6
1 im – **2** vor – **3** um – **4** in – **5** bis – **6** seit – **7** von - bis – **8** am

7
1 Seit/Seitdem Anja und Thomas Streit hatten, sprechen sie nicht mehr miteinander.
2 Seit/Seitdem wir ein Baby haben, können wir abends nicht mehr ausgehen.
3 Seit/Seitdem er mehr Sport macht, fühlt er sich gesünder.
4 Seit/Seitdem wir uns vor fünf Jahren getroffen haben, sind wir glücklich zusammen.
5 Seit/Seitdem wir auf dem Land wohnen, muss ich das Auto für die Fahrt zur Arbeit benutzen.

8a
1 D – **2** A – **3** B – **4** C

8b
Beispiel:
Vor seiner Urlaubsreise hat er einen Reiseführer gekauft.
Bevor er in den Urlaub gefahren ist, hat er einen Reiseführer gekauft.
Während unseres Gesprächs hat jemand angerufen.
Während wir miteinander gesprochen haben, hat jemand angerufen.
Nach dem Essen bin ich ins Kino gegangen.
Nachdem ich gegessen hatte, bin ich ins Kino gegangen.

9
Beispiel:
1. Ich bin viel zufriedener, seit ich den Deutschkurs mache.
2. Seitdem ich eine schöne Wohnung habe, bin ich sehr gerne zu Hause.
3. Seit ich lesen gelernt habe, liebe ich Romane.

10
1. Nachdem Yavuz Kargi nach Deutschland gekommen war, hat er Deutsch gelernt.
2. Bevor es bei Matzon Verhandlungen gab, haben die Mitarbeiter demonstriert.
3. Als Frau Caldera noch jung war, gab es noch keine Computer.
4. Seitdem ich besser Deutsch sprechen kann, fühle ich mich wohl in Deutschland.
5. Während ich jetzt die Küche putze, hängst du jetzt die Wäsche auf.

11a
1 C – 2 D – 3 B – 4 A

12a
2 die Energiequelle – 3 die Kernenergie – 4 die Solarenergie – 5 die Windenergie – 6 die Energieform – 7 die Energieerzeugung

12b
Kernenergie ist sehr gefährlich. Solar- und Windenergie werden immer wichtiger.
Es gibt viele Arten der Energieerzeugung.

13
2 besser, am besten – 3 lieber, am liebsten – 4 höher, am höchsten – 5 länger, am längsten – 6 kürzer, am kürzesten – 7 teurer, am teuersten – 8 öfter, am öftesten – 9 kleiner, am kleinsten – 10 größer, am größten

14
1 am kürzesten – 2 schneller, am schnellsten – 3 kleiner, größer als – 4 so lang

15
1 lieber, Am liebsten – 2 gut, Am besten – 3 mehr, am meisten

16
1 länger – 2 teurer als - mehr – 3 groß wie - kleiner

18
Beispiel:
1. Die Zeitungen und die Prospekte kommen nicht in das Altglas, sondern in das Altpapier.
2. Die Dosen und der Joghurtbecher kommen nicht in den Biomüll, sondern in die Tonne für Verpackungen.
3. Die Flaschen und die Gläser kommen nicht in den Restmüll, sondern in die Altglastonne.
4. Der Kaffeefilter und die Bananenschale kommen nicht in das Altpapier, sondern in den Biomüll.
5. Der alte Stuhl kommt nicht in die Tonne für Verpackungen, sondern zum Sperrmüll.

19
1 vor die – 2 in die – 3 vor dem – 4 in den – 5 zwischen dem – 6 neben die – 7 neben der

21
Beispiel:
1. den man wieder verwerten kann.
2. alte Möbel, kaputte Elektrogeräte, alte Fahrräder
3. Batterien, Farben, Lacke und andere Chemikalien

22
D – C – H – E – B – A – F – G

23
1. In einer Stadt wohnt ein Mann.
2. In seinem Haus wohnen auch eine Katze und ein Hund.
3. In seinem Zimmer sind ein Tisch, zwei Stühle, ein Bett und ein Schrank.
4. Auf dem Tisch liegen ein Löffel, eine Gabel und ein Messer.
5. In seinem Garten hat er viele Blumen und Bäume.

25
Gern die Deutschen mögen Haustiere. Viele Leute haben einen Hund oder eine Katze und die Tiere darf sehr viel machen. Die Leute ausgeben viel Geld für die Tiere und müssen sie für ihre Hunde Steuern bezahlen. Es gibt auch Friseur für Hunde. Mir machen großen Hunde Angst. Katzen mag ich viel. Sie haben einen eigene Kopf und sind selbständig als Hunde. Aber auch Katzen muss mann erziehen. Sie kommen gern im Bett und machen oft Sofas und Sessel kaputt. Sie müssen lernen, dass sie nicht dürfen das.

Die Deutschen mögen Haustiere gern. Viele Leute haben einen Hund oder eine Katze und die Tiere dürfen sehr viel machen. Die Leute geben viel Geld für die Tiere aus und sie müssen für ihre Hunde Steuern bezahlen. Es gibt auch Friseure für Hunde. Mir machen große Hunde Angst. Katzen mag ich lieber/sehr. Sie haben einen eigenen Kopf und sind selbstständiger als Hunde. Aber auch Katzen muss man erziehen. Sie kommen gern ins Bett und machen oft Sofas und Sessel kaputt. Sie müssen lernen, dass sie das nicht dürfen.

Lösungen

Deutsch Plus

26a

1 B – 2 F – 3 E – 4 A – 5 D – 6 H – 7 G – 8 C

26b

2 Wasserratte – 3 Spaßvogel – 4 Bücherwurm – 5 Streithammel – 6 Angsthase – 7 Schafskopf – 8 Pechvogel

Wichtige Wörter

1

1 Stall – 2 Strom – 3 Öl – 4 Sonne – 5 faul – 6 Reh

2

1 vermeiden – 2 schaden – 3 verschmutzen – 4 entsorgt – 5 speichern – 6 abgeben

4

2 das Schaf, die Schafe – 4 der Hahn, die Hähne, das Hühn, die Hühner – 5 die Katze, die Katzen – 7 der Hase, die Hasen – 13 die Gans, die Gänse – 15 der Löwe, die Löwen – 17 das Pferd, die Pferde – 23 der Hund, die Hunde – 24 die Kuh, die Kühe – 25 der Fisch, die Fische – 26 der Vogel, die Vögel – 29 das Reh, die Rehe – 31 die Ziege, die Ziegen

6

wiehern – das Pferd
zwitschern – der Vogel
piepsen – die Maus
gackern – das Huhn
muhen – die Kuh
brüllen – der Löwe
grunzen – das Schwein
brummen – der Bär, die Biene
miauen – die Katze
summen – die Biene
bellen – der Hund
krähen – der Hahn

Station 3

A

Beispiel:
1 Ich fahre gerne im Sommer in den Urlaub.
2 Ich fahre sehr gerne ans Meer.
3 Ich gehe gerne am Strand spazieren oder lese ein gutes Buch.

B

Richtung – Ausfahrt – Bauarbeiten – Umleitung

C

1 Die Autos werden wird gewaschen.
2 Das Fahrrad wird repariert.
3 Der Ölstand wird geprüft / kontrolliert.

D

Beispiel:
1 Viele Leute machen sich selbstständig, weil sie ohne Chef arbeiten wollen.
2 Wenn man selbstständig ist, muss man sich um die Kranken- und Rentenversicherung selbst kümmern und alles gut planen.
3 Ein Businessplan ist für die Existenzgründung wichtig, weil man wissen muss, wie viel Kapital man braucht, welche Kosten und Einnahmen man erwartet usw.

E

1 Eigenkapital – Zinsen
2 Kredit – Unterlagen

F

Beispiel:
Ein großes Umweltproblem ist der Klimawandel. Wegen des Klimawandels gibt es mehr Naturkatastrophen: In manchen Regionen der Erde gibt es Hochwasser oder Stürme, in anderen Regionen gibt es zu wenig Regen.

G

Beispiel:
Jeder kann etwas für die Umwelt tun. Man kann den Müll trennen und versuchen Müll zu vermeiden. Außerdem sollte man Strom sparen und weniger Auto fahren.

H

Beispiel:
Ein Pferd ist ein sehr nützliches Tier. Ich finde Pferde auch sehr elegant. Als Kind durfte ich oft auf einem Pony reiten.

Prüfungsvorbereitung DTZ:

Schreiben

Aufgabe A

Beispiel:
Sehr geehrte Frau Zeller,

ich habe gesehen, dass die Sprachschule Kramer vierwöchige Englischkurse mit 20 Stunden pro Woche

anbietet. Ich möchte meine Englischkenntnisse verbessern und würde gerne ab Juli an einem dieser Kurse teilnehmen. Ist das möglich?
Könnten Sie mir bitte auch mitteilen, wie viele Teilnehmer in einem Kurs sind?
Über eine baldige Antwort würde ich mich sehr freuen.
Vielen Dank und freundliche Grüße

Alexandra Georgi

Aufgabe B
Beispiel:
Sehr geehrte Frau Marchowitz,

ich mache mir in letzter Zeit Sorgen um meine Tochter Katharina. Seit etwa drei Wochen will sie morgens nicht mehr zur Schule gehen und ihre Noten werden immer schlechter. Ich würde gerne mit Ihnen darüber sprechen, welche Probleme Katharina in der Schule hat, denn so wie es jetzt ist, kann es nicht weitergehen.
Ich habe jeden Tag ab 15 Uhr Zeit. Ich würde mich sehr freuen, wenn Sie mir bald per Mail oder per Telefon mitteilen könnten, wann wir miteinander sprechen können. Sie erreichen mich unter: goran.berkovic@yahoo.com, 0175–4386450.

Vielen Dank.

Mit freundlichen Grüßen
Goran Berkovic

10 Gesund werden und bleiben

1
2 Nebenwirkungen – **3** Attest – **4** Vorsorgeuntersuchungen – **5** Blutdruck

3
Beispiel:
Die Hebamme hilft bei einer Entbindung im Krankenhaus/bei den Patienten zu Hause.
Der Arzt untersucht Patienten in der Arztpraxis.
Die Arzthelferin macht einen Verband.
Die Krankenschwester pflegt Patienten im Krankenhaus.

3
Meldung 1

4
1 B – **2** F – **3** E – **4** A – **5** C – **6** D

6
Beispiel:
Ein Fahrradfahrer und ein Fußgänger wurden gestern Abend in der Innenstadt bei einen Verkehrsunfall verletzt. Beide wurden am Unfallort vom Notarzt behandelt, der Radfahrer musste mit einer Verletzung am Bein ins Krankenhaus gebracht werden. Die Polizei sucht Zeugen.

7
1 wichtige – **2** sympathischer, schlechte – **3** zweijähriger – **4** Selbstständige, Angestellte – **5** großer – **6** Deutschen, beliebtes – **7** neues, guten – **8** Reisenden

8
1 C – **2** D – **3** B – **4** A

9a
1 liegende – **2** zahlende – **3** zuhörender – **4** gut aussehende – **5** sich bewegende – **6** kochendem – **7** passenden – **8** fragenden – **9** laufende – **10** abfahrenden – **11** kommenden

9b
2 Ein Geschäft braucht Kunden, die zahlen, damit es Erfolg hat.
3 Er ist ein Gesprächspartner, der aufmerksam zuhört.
4 Hannelore ist eine Frau, die gut aussieht.
5 Die Maschine hat viele Teile, die sich bewegen.

10a
4 – 1 – 3 – 2

10b
1 D – **2** A – **3** F – **4** E – **5** C – **6** B

11a
1 C – **2** B – **3** E – **4** A – **5** D

11b
1 zur Beobachtung im Krankenhaus bleiben. –
2 will zur Entbindung in ein Geburtshaus gehen –
3 zur Physiotherapie gegangen.

13
1 C – **2** A – **3** E – **4** D – **5** B

14
Richtig: 2
Falsch: 1, 3

Lösungen

15a
Foto 3

15b
Richtig: 1, 2, 3, 6
Falsch: 4, 5

16
1 Mein Augenarzt arbeitet sowohl in einer Praxis alst auch im Krankenhaus.
2 Ich spiele sowohl Fußball als auch Handball.
3 Sie arbeitet sowohl zu Hause als auch in der Firma.
4 Khalid und Rhea hören sowohl gerne Pop-Musik als auch Jazz.

17
1 Es gibt nicht nur gesetzliche Krankenkassen, sondern (es gibt) auch private Krankenversicherungen.
2 Frau Norden hat nicht nur eine Hundeallergie, sondern (sie hat) auch eine Katzenallergie.
3 In Unterrode gibt es nicht nur ein Theater, sondern (es gibt) auch ein Konzerthaus
4 Die Senioren im Rehatreff halten sich nicht nur körperlich, sondern auch geistig fit. / Die Senioren im Rehatreff halten sich nicht nur körperlich fit, sondern sie halten sich auch geistig fit.

18
1 Frau Jenyat geht zur Entbindung entweder in ein Krankenhaus oder in ein Geburtshaus.
2 Abends lese ich entweder ein Buch oder eine Zeitung.
3 Am Wochenende arbeitet er entweder im Garten oder im Haus.
4 Wir fahren entweder nach Italien oder in die Schweiz.

19
1 Er kauft weder Fleisch noch Milchprodukte.
2 Man sollte weder rauchen noch Alkohol trinken.
3 Er fährt weder mit dem Fahrrad noch geht er zu Fuß.

20
Beispiel:
1 Ich mag weder Erbsen noch Mais.
2 Entweder fahren wir zu meinen Eltern oder wir bleiben zu Hause.
3 Ich kann sowohl Fahrräder als auch Autos reparieren.
4 Ich will nicht nur schnell, sondern auch sicher ankommen.

21
Beispiel:
Am 3. 12. 2016 bin ich auf dem Weg zur Arbeit mit meinem Fahrrad gestürzt, als ich die Amselgasse Richtung Innenstadt gefahren bin. An der Kreuzung Detmolder Straße wollte ich bremsen. Aber ich hatte das Glatteis nicht gesehen und ich bin gestürzt. Ein Passant hat einen Krankenwagen gerufen, der mich ins Bürgerhospital gebracht hat. Ich hatte mir den Arm gebrochen. Der Arzt im Krankenhaus hat gesagt, dass ich eine Gehirnerschütterung hatte.

Deutsch Plus

22a
1 B – **2** B – **3** B – **4** A

Wichtige Wörter

1a
1 D – **2** C – **3** E – **4** B – **5** F – **6** A – **7** G

1b
Beispiel:
Darf ich Ihnen eine Frage stellen? – Wir müssen noch viele Aufgaben erledigen. – Weißt du, ob die Krankenkasse die Kosten übernimmt?

2
1 behandelt – **2** ansteckt – **3** verhindert

4
4 das Handgelenk – **5** das Fußgelenk – **6** die Zunge – **11** die Haut

7a
Foto C

7b
1 Die Teilnehmer sind unterschiedlich alt.
2 Die Teilnehmer sind keine Profisportler.
3 Frau Ghide hat Rückenschmerzen bei der Arbeit.
4 In ihrer Heimat gibt es solche Kurse nicht.

11 Politik und Gesellschaft

1
1 freiwillige Feuerwehr, Übungen, Gemeinschaftsgefühl – **2** Ausländerbeirat – **3** Elternbeirat – **4** Flüchtlinge, Behördengängen – **5** Sportvereinen, Trainer, Trainerinnen – **6** Tafeln

2a
Ein Leben für den Bürgerverein.

2b
Beispiel:
1 Herr Lehmann findet es wichtig, sich gesellschaftlich zu engagieren.
2 Der Stadtteilverein beschäftigt sich mit wichtigen Themen im Stadtteil, zum Beispiel mit den Bus- und Straßenbahnverbindungen. Er versucht, von der Stadt Geld für Projekte wie einem Sportplatz zu bekommen.
3 Die Zeitschrift informiert über wichtige Dinge aus dem Stadtteil.
4 Herr Lehmann ist schon 74 Jahre alt. Er denkt, dass er zu alt für die Arbeit als Vorsitzender ist.
5 Herr Lehmann macht weiter bei der Zeitung mit.

3
1 Abgeordnete – **2** Grundgesetz – **3** Partei – **4** Amtssitz – **5** Bundesverfassungsgericht – **6** Reichstag

4
1 D – **2** E – **3** C – **4** A – **5** F – **6** B

6a
soziale Sicherheit – Kriminalität – Bildung – Umwelt – Familie

6b
Richtig: 2, 3, 6
Falsch: 1, 4, 5

7
Beispiel:
1 Seiner Meinung nach sind viele Politiker unehrlich. Er denkt, dass viele Abgeordnete sich nur für ihre Karriere interessieren und die Sorgen der Bürger vernachlässigen.
2 Frau Haller interessiert sich für Politik. Sie sieht immer Nachrichten, liest Zeitung und informiert sich im Internet. Sie geht auch immer zu den Wahlen. Es macht ihr Sorgen, dass viele Menschen sich nicht mit Politik beschäftigen.

9
1 C – **2** D – **3** A – **4** B

10
2 Wenn die Stadt nicht sparen müsste, wäre die Bibliothek auch samstags geöffnet.
3 Wenn die Busse öfter fahren würden, würden mehr Menschen den öffentlichen Nahverkehr benutzen.
4 Wenn man die Grünanlagen mehr pflegen würde, würde ich dort gerne spazieren gehen.
5 Wenn die Müllentsorgung besser funktionieren würde, wären die Bürger zufriedener.

11
1 seltener werde ich krank.
2 besser verdient er.
3 mehr Leute wollen ihn sehen.
4 Je mehr Werbung die Firma macht,
5 Je schneller man mit dem Auto fährt,
6 Je länger sie sich kennen,

12
1 Je näher die Bundestagswahl kommt, desto nervöser werden die Politiker.
2 Je öfter ich die Zeitung lese, desto besser fühle ich mich informiert.
3 Je freundlicher die Bedienung in einem Restaurant ist, desto mehr Gäste besuchen es.

13
1 länger, sprechen, interessanter, finde
2 häufiger, esse, besser, schmeckt
3 zuverlässiger, arbeitest, zufriedener, sind

14a
1 damit die Leute schneller ins Zentrum kommen. – **2** damit die Bürger sich wohlfühlen. – **3** damit der Jahresbeitrag nicht so hoch ist.

14b
1 weil die Jugendlichen einen Treffpunkt brauchen. – **2** weil dort viele Kinder über die Straße laufen. – **3** weil die Leute mehr öffentliche Verkehrsmittel benutzen.

14c
1 um für Touristen attraktiver zu werden. – **2** um bequem zu parken. – **3** um den Bundespräsidenten zu wählen.

15
Bundestagswahl – Parlament – Kommunalwahl – Gemeinderäte - Bürgermeister – Bürger

Lösungen

16
1 teuerste – **2** höchste – **3** beste, nettesten – **4** stärkste – **5** meisten – **6** wenigsten – **7** kleinste – **8** schönste

17
1 langweiligste, am interessantesten – **2** der beliebteste, am beliebtesten – **3** günstigsten, am ruhigsten – **4** schönster, Am besten

18
1 kontrollen – **2** finanzen – **3** beschränkung – **4** heime – **5** kampf – **6** anlagen – **7** angebote

19
1 A – **2** A – **3** A – **4** A – **5** C – **6** C – **7** C – **8** B – **9** A – **10** A – **11** A – **12** C

20
2 ob die Kultur für Sie ein wichtiges Thema ist. – **3** um die Verkehrsprobleme zu lösen? – **4** woher das Geld für mehr Kindergärten kommen soll?

21
1. Die Königin von Dänemark repräsentiert ihr Land.
2. Bald wird bei uns ein neuer Präsident gewählt. Die Wahlen sind am 3.5.
3. Die Stadt Köln hat eine neue Bürgermeisterin.
4. Die Gemeinden kümmern sich um Müllentsorgung und Grünanlagen.
5. Zur Eröffnung des Kulturhauses kamen 200 Gäste.

Deutsch Plus

22a
1 August Möller

22b
Beispiel:
1. Weil sie zu klein sind, um in der Weltpolitik eine Rolle zu spielen.
2. Er sagt, dass es eine gemeinsame europäische Kultur gibt.
3. Weil sie der Meinung ist, dass die Länder unterschiedliche Kulturen und unterschiedliche Interessen haben. Die Staaten sollten ihrer Meinung nach unabhängig voneinander bleiben.
4. Sie findet den Euro nicht gut.

Wichtige Wörter

1a
2 parteilos – **3** fortschrittlich – **4** gesellschaftlich – **5** arbeitslos – **6** kritisieren – **7** wählen – **8** sitzen – **9** gewinnen – **10** regieren

1b
1 Wahl – **2** Arbeitslosigkeit – **3** gesellschaftliches/politisches – **4** gewinnt – **5** sitzen

3
Beispiel:
2 Der Bundestag wählt die Bundeskanzlerin/den Bundeskanzler. – **3** Die Landesparlamente werden alle 4 bis 5 Jahre gewählt. – **4** Der Bundespräsident ernennt die Bundesminister. – **5** Die Bundesversammlung wählt den Bundespräsidenten. – **6** Bundestag und Bundesrat wählen die Richter des Bundesverfassungsgerichtes. – **7** Die Landesregierungen entsenden Vertreter in den Bundesrat.

4a
2 D – **3** G – **4** A – **5** E – **6** B – **7** F

4b
1 gegründet – **2** traten … bei – **3** die Mauer gebaut, gefallen – **4** eingeführt – **5** wiedervereinigt

12 Wie wird es sein?

1
altert – verbessert sich – verändert sich

2
Experten – wahrscheinlich – Jahrzehnten- Durchschnittsalter – Thema – Prozent – Unterschiede – Migrationshintergrund

3
wenig, weniger, am wenigsten – warm, wärmer, am wärmsten – kalt, kälter, am kältesten – vielfältig, vielfältiger, am vielfältigsten – alt, älter, am ältesten – jung, jünger, am jüngsten – gut, besser, am besten – schlecht, schlechter, am schlechtesten

4
1 E – **2** A – **3** D – **4** C – **5** B

5a

2 In den Innenstädten werden fahrerlose Elektrobusse fahren.
3 Die Leute werden mehr Freizeit haben.
4 Auch ältere Menschen werden fit sein und viel für die Gesundheit tun.
5 Kinder auf der ganzen Welt werden eine Schule besuchen./Kinder werden auf der ganzen Welt eine Schule besuchen.
6 Alle Kinder werden die gleichen Chancen haben.
7 Die Welt wird friedlicher sein.
8 In allen Ländern wird das Leben vielfältiger und multikultureller sein.

6

1 Gleich wird das Flugzeug starten.
2 Jetzt startet das Flugzeug.
3 Vor wenigen Sekunden ist das Flugzeug gestartet.
4 Gleich wird er die Fotos an die Wand kleben.
5 Jetzt klebt er die Fotos an die Wand.
6 Vor wenigen Sekunden hat er die Fotos an die Wand geklebt.

7

1 Immer mehr Strom wird aus Sonnenenergie gewonnen.
2 Frauen werden in vielen Bereichen schlechter bezahlt als Männer.
3 Viele Berufe wurden früher von Frauen nicht ausgeübt / sind früher von Frauen nicht ausgeübt worden.
4 Vor fünfzig Jahren wurde in Deutschland der Müll nicht getrennt / ist in Deutschland der Müll nicht getrennt worden.

8

1 A – 2 B – 3 A – 4 C – 5 B – 6 C

9a

B – A – A – B

9b

Richtig: 2, 3, 4
Falsch: 1, 5, 6

10

Es ist sehr sicher: 1
Es kann sein, ist aber nicht sicher: 3, 5
Es ist nicht wahrscheinlich: 2, 4

11a

es gibt – es hat gegeben – es hatte gegeben
kam – ist gekommen – war gekommen
geht zurück – ist zurückgegangen – war zurückgegangen
wächst – ist gewachsen – war gewachsen
steigt – ist gestiegen – war gestiegen
verliert an Bedeutung – hat an Bedeutung verloren – hatte an Bedeutung verloren
beträgt – hat betragen – hatte betragen

11b

1 sind zurückgegangen – 2 hat an Bedeutung verloren – 3 sind gestiegen

11c

1 stieg – 2 betrug – 3 gab

12

Beispiel:
1 Die Abschiedsfeier hat großen Spaß gemacht, aber viele Kursteilnehmer waren traurig, dass der Kurs vorbei war.
2 Einige Kursteilnehmer wird er wiedersehen, andere Kursteilnehmer nicht.
3 Wenn Rashid mit fremden Leuten spricht, ist er noch unsicher. Oft fehlen ihm Wörter und er hat Angst, Fehler zu machen.

14a

3 – 1 – 4 – 2

14 b

Hörtext 1:
Lass mal von dir hören!
Wir müssen unbedingt in Kontakt bleiben.
Hörtext 2:
Ich wünsche Ihnen alles Gute und viel Glück.
Hörtext 3:
Sie werden uns fehlen.
Wir werden Sie vermissen.
Wir wünschen Ihnen einen guten Start in ...
Hörtext 4:
Es war sehr angenehm, mit Ihnen zu arbeiten.
Ich wünsche Ihnen beruflich und privat alles Gute.

15

Beispiel:
- Es tut mir leid, aber ich muss jetzt leider gehen.
- Du willst schon gehen? Es ist doch noch früh.
- Ja, ich weiß, aber ich muss morgen um sechs Uhr aufstehen.
- Schade, dass du schon gehen musst, aber das verstehe ich natürlich. Es war ein netter Abend.
- Ja, das finde ich auch. Danke für die Einladung und das gute Essen. Tschüss, bis bald.
- Tschüss und komm gut nach Hause!

Lösungen

17
Liebe Freunde,
nächste Woche Montag ziehen wir um. Deshalb feiern wir eine Abschiedsparty. Kommt am Samstag ab 19 Uhr zu uns in die Bobstraße 5. Wenn ihr Zeit und Lust habt, könnt ihr gerne einen Salat mitbringen. Getränke besorgen wir.
Wir freuen uns auf euch!
Liebe Grüße
Hasret, Steve, Ben und Anna

Deutsch Plus

18a
1 B – 2 E – 3 A – 4 C – 5 D

Wichtige Wörter

1a
1 wertvoll – 2 kompetent – 3 vielfältig – 4 ehemalig – 5 ländlich – 6 wirtschaftlich

1b
1 ländlichen – 2 vielfältiger – 3 ehemaligen

2a
1 E – 2 C – 3 F – 4 B – 5 D – 6 A – 7 H – 8 G

2b
1 Migrationshintergrund – 2 Lebensabschnitte – 3 Einwanderungsland – 4 Ruhestand

4
Beispiel:
Bild 1: der Rohstoff, der Müll, Rohstoffe gewinnen (aus)
Bild 2: selbstfahrend, das Parkhaus
Bild 3: der Kühlschrank, kommunizieren (mit), selbstständig, der Einkaufszettel, eine Nachricht schicken
Bild 4: das Gerät, die Kontrolle, kontrollieren, die Gesundheit
Bild 5: der Hubschrauber, das Auto, fliegen, im Stau stehen
Bild 6: der Roboter, der Bildschirm, unterrichten, der Sensor, blinken

7
Beispiel:
Tina Gerbig: einen Lehrplan gemacht - einen Zeitplan gemacht - Lernstoff verteilt - mit Bekannten getroffen und zusammen gelernt
Raza Turabi: sehr konzentriert lernen - keine Ablenkung - Handy ausschalten - nach dem Lernen sich entspannen - viel vor der Prüfung schlafen - keine Computerspiele machen

Station 4

A
Beispiel:
Ich bin verheiratet und habe einen vierjährigen Sohn. Ich habe eine ältere Schwester. Leider sehen wir uns nicht oft, weil sie in Schweden lebt. Aber wir telefonieren regelmäßig und schicken uns E-Mails mit Fotos. Meinen Vater sehe ich auch nicht oft, weil auch er weit weg wohnt. Aber wir verstehen uns gut und telefonieren einmal im Monat miteinander. Meine Mutter lebt leider nicht mehr.

B

1 Beispiel:
- Das Fest am Samstag wird bestimmt schön werden.
- Das glaube ich auch, aber wir verreisen am Wochenende. Mein Bruder heiratet.
- Dann wünsche ich Ihnen eine gute Reise und ein schönes Hochzeitsfest!
- Vielen Dank. Tschüss.
- Tschüss.

2 Beispiel:
- Guten Tag, Frau Schubert. Was haben die Kinder gemacht? War alles ok?
- Ja, sie haben ganz ruhig gespielt. Alles kein Problem.
- Dann noch einmal vielen Dank. Das nächste Mal passe ich auf die Kinder auf.
- Ja, super.

C
1 Nein, das kann ich nicht. Ich habe zwei Kinder und bin alleinerziehend und am Wochenende hat der Kindergarten nicht geöffnet.
2 Das ist kein Problem für mich. Ich kann auch mal länger arbeiten.
3 Ich bin sehr zuverlässig und kann sehr gut organisieren.
4 Ich habe bisher in einer Kinderarztpraxis als Kinderkrankenschwester gearbeitet.
5 Ja, ich arbeite sehr gerne mit anderen zusammen.

D

Beispiel:
Früher war die Welt ruhiger. Es gab weniger Autos, leere Straßen. Heute gibt es viele Autobahnen und sehr oft Staus.
Früher konnten nur wenige Leute sich leisten in den Urlaub zu fliegen. Die Flugzeuge waren langsam und nicht sehr bequem. Heute fliegen viele Menschen in den Urlaub. Die Preise sind gefallen, die Flugzeuge sind schnell und bequem.

F

Beispiel:
1. dass man bequem von Zuhause zu jeder Tageszeit einkaufen kann.
2. dass man die Produkte nicht wirklich sieht. / dass man oft die Anbieter nicht kennt.
3. dass man oft keine genauen Informationen über die Anbieter bekommt.
4. Man sollte bei Zahlungen im Internet vorsichtig sein.

G

Beispiel:
Liebe Freunde,
am Samstagabend feiere ich bei mir zu Hause ein Fest und möchte euch herzlich dazu einladen.
Bitte gebt mir bis Freitag Bescheid, ob ihr kommen könnt.
Viele Grüße
Klaus

H

Beispiel:
Oliver hatte einen Unfall. Er ist von einem Auto angefahren worden. Er wurde mit dem Krankenwagen ins Krankenhaus gebracht und am Knie operiert. Nach der Operation bekam er einen Gips und musste er noch ein paar Tage im Krankenhaus bleiben. Zwei Wochen nach dem Unfall hat er mit der Krankengymnastik begonnen.

I

Beispiel:
Man hatte einen Unfall.
Man muss sich operieren lassen.
Man braucht eine größere Untersuchung.

K

Beispiel:
Ich finde die Themen Frieden und soziale Sicherheit am wichtigsten. Alle Menschen brauchen Frieden, genug Essen, eine Wohnung und Arbeit, damit sie gut leben können.

L

1 gleich groß – **2** kleiner, größer – **3** größten – **4** kleinste

M

Beispiel:
1. bestimmt eine gute Arbeit haben.
2. in einem Jahr heiraten.
3. dass ich eine größere Wohnung finde.

N

Beispiel:
Die Rohstoffe werden immer teurer und die Menschen müssen nach Lösungen für dieses Problem suchen. Ich hoffe, dass man neue Wege findet, Energie zu gewinnen.
Auch die Verkehrssituation wird sich verändern. Die Benzinpreise werden weiter steigen und man wird Autos entwickeln, die wenig Benzin verbrauchen oder auch mit Strom fahren.

Antwortbogen

Schreiben

Schreiben

C Rund ums Auto

8 Mit dem Auto unterwegs. Was passt? Ergänzen Sie die Sätze.

> Erste-Hilfe-Kasten • Kupplung • Warndreieck • Kofferraum • Sicherheitsgurt

1 Da wir immer viel transportieren müssen, brauchen wir ein Auto mit großem ....

2 Rechts ist das Gaspedal, in der Mitte die Bremse und links die ....

3 Ich musste eine Strafe bezahlen, weil ich keinen .... und kein .... im Auto hatte und mein Mitfahrer den .... nicht benutzt hat.

9 2.03 In der Autowerkstatt. Ergänzen Sie den Dialog. Kontrollieren Sie dann mit dem Hörtext.

> Gut, und wann kann ich das Auto abholen? •
> Nein, aber ich plane eine lange Autoreise. • Was bedeutet das? •
> Ich möchte mein Auto kontrollieren lassen. • Sagen Sie, wird das teuer?

• ....
• Gab es mit dem Auto in letzter Zeit Probleme?
• ....
• Gut, dann machen wir die normalen Kontrollen.
• ....
• Wir kontrollieren zum Beispiel den Ölstand und die Bremsen und ob es Probleme am Motor gibt.
• ....
• Nein, wenn alles in Ordnung ist, bezahlen Sie 59 Euro.
• ....
• Heute Abend um 18 Uhr ist es fertig.

10 Konjugieren Sie das Verb *werden* und ergänzen Sie die Passiv-Sätze.

ich *werde*
du ....
er/es/sie/man ....
wir ....
ihr ....
sie/Sie ....

1 Auf dem Flohmarkt .... viele alte Sachen verkauft.
2 Wann .... du abgeholt?
3 Ich .... oft nach meinem Heimatland gefragt.
4 Die Straße .... jeden Tag gereinigt.
5 Warum .... ihr nicht von den Nachbarn gegrüßt?
6 .... Sie schon bedient?

11 Die schnelle Küche. Dosensuppe. Formen Sie die Sätze ins Passiv um.

1 Öffnen Sie die Dose.
   Die Dose wird geöffnet.

2 Gießen Sie die Suppe in einen Teller.

3 Machen Sie die Suppe in der Mikrowelle warm.

4 Essen Sie die Suppe mit etwas Salz und Pfeffer.

12 Was wird hier gemacht? Ordnen Sie zu und schreiben Sie Sätze im Passiv.

auf dem Markt • auf der Baustelle • im Zug • in der Innenstadt •
Obst und Gemüse verkaufen • ein Kino bauen • für mehr Radwege demonstrieren •
die Fahrkarten kontrollieren

1 *Auf der Baustelle*

2

3

4

13 Formen Sie die Sätze ins Aktiv um.

1 Das Zimmer wird von den Kindern aufgeräumt.

2 Die Kinder werden vom Vater ins Bett gebracht.

3 Die Geschenke werden von der Mutter ausgesucht.

4 Die Tomaten werden von einem Supermarkt geliefert.

5 Die Grammatikregel wird von der Lehrerin erklärt.

D Zeitungsmeldungen

14 Verletzungspech. Ordnen Sie die Sätze und schreiben Sie den Text in Ihr Heft.

- ☐ ist sofort ins Krankenhaus gebracht
- ☐ 1 Gestern wurde bekannt, dass es letzte Woche beim Training
- ☐ der Spieler Karim Astor am Bein verletzt wurde. Astor
- ☐ des Unterroder Fußballvereins einen Unfall gab, bei dem
- ☐ in den nächsten Wochen nicht trainieren.
- ☐ worden und wurde noch am selben Tag operiert. Er kann aber

15 Putztag. Was wurde hier gemacht? Schreiben Sie Sätze im Passiv Präteritum in Ihr Heft.

> Fenster / putzen • Kleidung / bügeln • Blumen / gießen •
> Geschirr / in den Schrank stellen • Spülmaschine / ausräumen • Küche / aufräumen •
> Bücher / ins Regal stellen …

Die Fenster wurden …

16 Alles neu. Schreiben Sie die Sätze im Passiv Perfekt.

1 Er hat die Wohnung renoviert. *Die Wohnung ist* ....
2 Er hat das Wohnzimmer neu tapeziert. ....
3 Er hat das Schlafzimmer gestrichen. ....
4 Er hat die neue Küche eingebaut. ....
5 Er hat die Lampen aufgehängt. ....

17 *Worden* oder *geworden*? Ergänzen Sie.

1 Dein Deutsch ist viel besser ....
2 Die Koffer sind gepackt ....
3 Die Gäste sind gut bedient ....
4 Der Autofahrer ist kontrolliert ....
5 In der Nacht ist es kalt ....
6 Die Kinder sind groß ....

E Versicherung und Steuern für Autos

18 Wiederholung: Versicherung und Steuern. Ergänzen Sie.

> Nettogehalt • Kirchensteuer • Lohnsteuer • Versicherungsschutz • Sozialversicherung • Hausratversicherung • Rechtsschutzversicherung • Haftpflichtversicherung

1 Kranken- und Rentenversicherung gehören zur ....

2 Eine .... braucht man, wenn man z. B. bei anderen Leuten einen Schaden verursacht.

3 Eine .... übernimmt die Kosten des Rechtsanwalts, z. B. wenn man sich über einen Vertrag streitet.

4 Arbeitnehmer müssen .... bezahlen.

5 Mitglieder der Kirchen bezahlen eine ....

6 Das .... ist das Gehalt nach den Abzügen für Steuern und Versicherungen.

7 Wenn man eine Versicherung abgeschlossen hat, bekommt man ....

8 Eine .... bezahlt beschädigte oder gestohlene Gegenstände, z. B. bei einem Brand oder Diebstahl in der eigenen Wohnung.

19a Hören Sie das Gespräch. Was passt zu wem? Notieren Sie (L) für Luis und (F) für Fernando.

☐ Neuwagen   ☐ Gebrauchtwagen

19b Hören Sie noch einmal und kreuzen Sie an: Richtig oder falsch?

	R	F
1 Fernando will keine Vollkaskoversicherung bezahlen.	☐	☐
2 Luis findet, dass Fernando eine Vollkaskoversicherung abschließen sollte.	☐	☐
3 Fernando ärgert sich, weil er keinen Neuwagen gekauft hat.	☐	☐
4 Die Autos von Fernando und Luis fahren mit Benzin.	☐	☐
5 Luis findet, dass Diesel für die Umwelt besser ist als Benzin.	☐	☐

20 Schreibtraining. Schreiben Sie den Text richtig.

Fehler +++ Fehler

Ichfindedassmanimmerdieverkehrsmeldungenhörensolltewennmanautofährtdannistmanimmerüberstausbaustellenoderunfälleinformiertundweißwielangeeinefahrtdauernkann

....

....

Deutsch Plus

21a Lesen Sie die Texte und ordnen Sie die Namen der Clubs zu.

Allgemeiner Deutscher Automobil-Club

Verkehrsclubs in Deutschland

☐ Dieser Club wurde 1903 gegründet. Er ist der größte deutsche Verkehrsclub und hat fast 19 Millionen Mitglieder (Ende 2014), vor allem Autofahrer, aber auch Motorrad- und Bootsfahrer. Seinen Mitgliedern bietet er z. B. einen Pannendienst, Beratung zum Autokauf, Versicherungen, Reiseinformationen, Produkt-Tests und die Mitgliederzeitschrift „ADAC Motorwelt". Zudem erhalten seine Mitglieder bei vielen Unternehmen Rabatte, z. B. bei Autovermietungen und Reiseunternehmen. Zu diesem Club gehört auch der größte Hubschrauber-Rettungsdienst Deutschlands. Da sich dieser Club als Interessenvertretung der Autofahrer versteht, nimmt er auch zur Verkehrspolitik Stellung, z. B. ist er gegen ein allgemeines Tempolimit auf den deutschen Autobahnen.

☐ Seit 1986 gibt es diesen ökologischen Verkehrsclub, der sich auch als Gegengewicht zu reinen Automobilclubs versteht. Er hat ca. 55 000 Mitglieder (Ende 2012). Er vertritt die Interessen aller Verkehrsteilnehmer, also der Autofahrer, Radfahrer, Fußgänger und Nutzer öffentlicher Verkehrsmittel. Sein Ziel ist eine umweltfreundliche und sozial gerechte Verkehrspolitik, bei der auf die Sicherheit aller geachtet wird. Er ist z. B. für ein allgemeines Tempolimit von 120 km/h auf den deutschen Autobahnen und er setzt sich für mehr Kundenfreundlichkeit bei der Deutschen Bahn ein. Auch dieser Club bietet seinen Mitgliedern einen Pannen- und Unfallservice. Die Zeitschrift für Mitglieder heißt „fairkehr".

☐ Dieser Club wurde 1979 gegründet, um die Interessen der Radfahrer zu vertreten. Er hat ca. 155 000 Mitglieder. Er engagiert sich ebenfalls in der Verkehrspolitik, u. a. für Verkehrssicherheit und Umweltschutz und möchte Alternativen zur Benutzung des Autos aufzeigen. Ein anderer Schwerpunkt seiner Arbeit ist Gesundheitsförderung durch Radfahren. Als Mitglied in diesem Club hat man eine Haftpflicht- und Rechtsschutzversicherung für den Fall, dass man beim Radfahren einen Unfall hat. Er bietet einen Pannendienst im Alltag, in der Freizeit und auf Reisen. Seine Mitglieder bekommen sechsmal im Jahr die Zeitschrift „Radwelt".

21b Lesen Sie die Texte noch einmal und korrigieren Sie die Aussagen zu den Verkehrsclubs. Schreiben Sie die richtigen Aussagen in Ihr Heft.

1 Der ADAC bietet als einziger Club einen Pannendienst an.
2 Zwei der Clubs haben eine Mitgliederzeitschrift.
3 Nur der adfc will sich für die Interessen der Radfahrer einsetzen.
4 Umweltschutz ist kein Thema für die Clubs.
5 Die Clubs setzten sich gegen ein allgemeines Tempolimit auf Autobahnen ein.

22 Sind Sie selbst, Freunde oder Familienangehörige in einem Verkehrsclub? Wie hoch ist der Mitgliedsbeitrag? Welche Vorteile bietet die Mitgliedschaft?

7 Wichtige Wörter

Strandurlaub, der, -e

Freizeitpark, der, -s

A Urlaubsplanung

Urlaubsplanung, die, -en

Gruppenreise, die, -n

Städtereise, die, -n

Kreuzfahrt, die, -en

Abwechslung, die, -en

der-/das-/dieselbe, dieselben

B Meldungen und Durchsagen

Durchsage, die, -n

Bauarbeiten, Pl.

Ausfahrt, die, -en

Fahrstreifen, der, -

sperren

Umleitung, die, -en

ausschildern

Schienenersatzverkehr, der, Sg.

Gegenstand, der, "-e

Fahrbahn, die, -en

Falschfahrer/in, der/die, -/-nen

Demonstration, die, -en

Bahnverkehr, der, Sg.

streiken

vorsichtig

C Rund ums Auto

Motor, der, -en

Kofferraum, der, "-e

Scheibenwischer, der, -

Lenkrad, das, "-er

Kupplung, die, -en

Kindersitz, der, -e

Sicherheitsgurt, der, -e

Scheinwerfer, der, -

Seitenspiegel, der, -

Gaspedal, das, -e

Warndreieck, das, -e

Erste-Hilfe-Kasten, der, "-

Windschutzscheibe, die, -n

Blinker, der, -

Motorhaube, die, -n

Reifen, der, -

Tank, der, -s

tanken

Bremse, die, -n

Wagenheber, der, -

Schalthebel, der, -

Ölstand, der, Sg.

Fahrzeugpapiere, Pl.

Zeuge/Zeugin, der/die, -n/-nen

befragen

ab｜schleppen

um｜leiten

Verletzte, der/die, -n

D Zeitungsmeldungen

Zeitungsmeldung, die, -en

Verkehrschaos, das, Sg.

Ferienbeginn, der, Sg.

Raststätte, die, -n

etw. ist überfüllt / überfüllt sein

Warteschlange, die, -n

E Versicherung und Steuern für Autos

Kfz-Steuer, die, -n

Kfz-Haftpflichtversicherung, die, -en

Teilkaskoversicherung, die, -en

Vollkaskoversicherung, der, -en

Benzin, das, Sg.

Diesel, der, Sg.

außerdem

Unfallopfer, das, -

verursachen

Gesetz, das, -e

Personenschaden, der, "-

gesetzlich vorgeschrieben

Fahrzeug, das, -e

Diebstahl, der, Sg.

Brand, der, "-e

Unwetter, das, -

1 Welches Wort passt nicht? Streichen Sie.

1 die Kupplung – die Bremse – die Werkstatt – die Motorhaube
2 die Autobahn – die Ausfahrt – die Umleitung – der Schienenersatzverkehr
3 der Ölstand – der Unfall – das Warndreieck – der Erste-Hilfe-Kasten
4 kontrollieren – testen – prüfen – ausschildern

2a Welche Verben finden Sie in den Nomen? Ergänzen Sie.

1 der Streik
2 die Fahrbahn
3 die Warteschlange
4 der Ferienbeginn
5 die Urlaubsplanung
6 der Kindersitz

2b Wählen Sie aus 2a vier Wörter und schreiben Sie Sätze.

3 Wörter hören und nachsprechen. Hören Sie zu und sprechen Sie nach.

1 die Meldung – die Zeitungsmeldung – die Verkehrsmeldung
2 die Motorhaube – der Kofferraum – der Scheibenwischer – der Seitenspiegel
3 der Ferienbeginn – das Verkehrschaos – die Warteschlange – die Flugausfälle

7 Wichtige Wörter

4a Das Fahrrad. Sehen Sie sich das Fahrrad an und ordnen Sie A bis P den Wörtern zu. Welches Wort kann nicht zugeordnet werden?

1 ☐ das Rücklicht
2 ☐ das Pedal
3 ☐ der Sattel
4 ☐ der Gepäckträger
5 ☐ die Gangschaltung
6 ☐ die Bremsen
7 ☐ der Fahrradhelm
8 ☐ das Vorderlicht
9 ☐ die Speiche
10 ☐ das Ventil
11 ☐ der Reifen
12 ☐ der Dynamo
13 ☐ der Lenker
14 ☐ die Klingel
15 ☐ die Kette
16 ☐ die Fahrradtasche
17 ☐ die Luftpumpe

4b Ein verkehrssicheres und gut funktionierendes Fahrrad. Was sollte man beachten? Sprechen Sie in der Gruppe.

> das Vorder- und Rücklicht regelmäßig kontrollieren – die Reifen aufpumpen –
> die Ketten ölen – die Bremsen richtig einstellen …

5 Beschreiben Sie die Fotos.

Auf Foto 1 sehe ich nur Autos, aber keine Menschen.

Auf Foto 3 sehe ich eine Spielstraße.

6a Hören Sie das Gespräch. Passt es zu Foto A oder zu den drei Fotos in B?
2.06

6b Hören Sie noch einmal und kreuzen Sie an: Richtig oder falsch?
2.06

	R	F
1 Die Personen sind dagegen, dass Kinder auf allen Straßen spielen.	☐	☐
2 Sie denken, dass es für Kinder auch auf Spielstraßen zu gefährlich ist, um dort zu spielen.	☐	☐
3 Sie finden es schade, dass sie als Kinder kein elektronisches Spielzeug hatten.	☐	☐
4 Sie konnten mehr draußen spielen als viele Kinder heute.	☐	☐

7 Straßenverkehr und spielende Kinder. Wie war es früher, wie ist es heute? Wie ist es in Deutschland, wie ist es in Ihrem Heimatland? Berichten Sie.

fünfundneunzig 95

8 Ein neuer Start

1 Das Modegeschäft Marzahn. Lesen Sie und kreuzen Sie an: Richtig oder falsch?

Mein Mann und ich haben ein Modegeschäft im Stadtzentrum. Unser Geschäft ist nicht groß, aber viele Leute kennen es. Allerdings gibt es hier im Zentrum noch andere Modegeschäfte. Deshalb ist es wichtig, dass unsere Kleidung den Kunden gefällt, dass wir sehr gute Beratung, gute Qualität und guten Service bieten und dass unsere Preise nicht zu hoch sind. Insgesamt sind wir erfolgreich, denn wir haben viele Kunden, die regelmäßig bei uns einkaufen und uns weiterempfehlen. Das ist genauso wichtig wie unsere Anzeigen in der Zeitung oder unsere Prospekte und es ist natürlich billiger. Schade ist nur, dass wir nicht genug verdienen, um mehr als zwei Angestellte zu bezahlen. Deshalb arbeiten wir oft 60 Stunden pro Woche und machen nur selten Urlaub. Trotzdem sind wir sehr gerne selbstständig. Wir sind unser eigener Chef und können selbst alle wichtigen Entscheidungen treffen.

	R	F
1 Herr und Frau Marzahn haben Konkurrenz im Ort.	☐	☐
2 Der Preis der Kleidung ist für den Erfolg ihres Geschäfts nicht wichtig.	☐	☐
3 Herr und Frau Marzahn machen keine Werbung für ihr Geschäft.	☐	☐
4 Herr und Frau Marzahn haben wenig Freizeit.	☐	☐
5 Ihnen gefällt die Selbstständigkeit.	☐	☐

2 Was ist wichtig, wenn man selbstständig ist? Schreiben Sie drei Sätze in Ihr Heft.

A Existenzgründer

3 Ergänzen Sie die Sätze mit der passenden Verbform.

> aufnehmen • entwickeln • führen • schaffen • gründen • beschließen

1 Er ist Geschäftsleiter und .... ein Unternehmen mit mehr als 100 Mitarbeitern.

2 Sie möchte sich selbstständig machen und eine Internetfirma ....

3 Mit ihrer Firma kann sie Arbeitsplätze für mehr als 20 Menschen ....

4 Sie hat lange überlegt und mit Freunden diskutiert. Dann .... sie ...., sich selbstständig zu machen.

5 Sie hat einen Existenzgründerkurs besucht und eine Geschäftsidee ....

6 Am Anfang musste sie für ihr Unternehmen einen Kredit ....

4a Hören Sie das Interview zweimal und machen Sie Notizen.

1 Welchen Beruf hat Herr Fuhrmann gelernt?
2 Was macht er heute?
3 Wie viele Mitarbeiter hatte er früher?
4 Warum hat er seinen Betrieb geschlossen?
5 Welche Vorteile sieht er in seiner Arbeit heute?

1 Beruf: ...   3 ...
2 heute: ...

4b Beantworten Sie die Fragen aus 4a in Sätzen. Schreiben Sie in Ihr Heft.

5 Wiederholung: Relativsätze. Ergänzen Sie die Relativpronomen im Nominativ, Akkusativ und Dativ.

1 Das ist mein Freund Nadim,
  A .... immer sehr nett ist.
  B .... wir morgen besuchen.
  C .... ich das Buch gegeben habe.

2 Das ist das Kind,
  A .... immer sehr nett ist.
  B .... wir morgen besuchen.
  C .... ich das Buch gegeben habe.

3 Das ist meine Freundin Bianca,
  A .... immer sehr nett ist.
  B .... wir morgen besuchen.
  C .... ich das Buch gegeben habe.

4 Das sind die Leute,
  A .... immer sehr nett sind.
  B .... wir morgen besuchen.
  C .... ich das Buch gegeben habe.

6 Was passt zusammen? Ergänzen Sie die Sätze.

> was nicht einfach war • wo es mehrere Modegeschäfte gibt •
> wo viele Menschen vorbeikommen •
> was genauso wichtig ist wie die Werbung in der Zeitung

1 Die Kunden empfehlen das Modegeschäft Marzahn gerne weiter, ...

2 Im Stadtzentrum, ..., ist die Konkurrenz groß.

3 Herr Gül musste am Anfang einen hohen Kredit zurückzahlen, ...

4 Herr und Frau Groß bieten an ihrem Kiosk, ..., auch einen Kaffee zum Mitnehmen an.

8

7 Schreiben Sie Relativsätze mit *wo* oder *was*.

1 ärgern – sehr – die Bewohner des Wohngebiets
In der Nähe von einem Wohngebiet wird eine Fabrik gebaut, ...

2 sein – eine Autobahn – in der Nähe
Die Fabrik muss dort gebaut werden, ...

3 machen müssen – eine Prüfung
Er ist gestern nach Mainz gefahren, ...

4 gefreut haben – ihn – sehr
Er hatte in der Prüfung ein gutes Ergebnis, ...

8 Gibt es ein Unternehmen, z. B. ein Geschäft, das Sie besonders gut finden? Schreiben Sie, warum es Ihnen gefällt.

....
....

B Der Senfsalon

9 Wiederholung: Präteritum. Ergänzen Sie die Verben in der richtigen Form.

1 Das Ehepaar Schambach .... durch eine Fernsehsendung auf die Idee, einen Senfsalon zu eröffnen. (kommen)

2 Sie .... eigene Rezepte aus und .... den Senf auf dem Wochenmarkt. (probieren, verkaufen)

3 Sie .... großen Erfolg und .... größere Geschäftsräume. (haben, suchen)

4 Sie .... zur Bank und .... einen Kredit auf. (gehen, nehmen)

5 Zuerst .... das Geschäft noch nicht so gut, aber jetzt haben sie genug Kunden, um von dem Geschäft zu leben. (laufen)

10 Was ist vorher passiert? Unterstreichen Sie den Satz.

1 <u>Als sie die E-Mail geschrieben hatte</u>, schickte sie sie an alle Freunde.
2 Ich musste nicht mehr einkaufen gehen, weil meine Kinder schon eingekauft hatten.
3 Nachdem der Unfall passiert war, wurde die Straße gesperrt.
4 Ida war schon mit 55 Jahren Rentnerin geworden und hatte dann mehr Zeit für ihre Enkelkinder und ihre Hobbys.

11 Was ist vorher passiert? Ergänzen Sie die Sätze im Plusquamperfekt.

1 Als Herr und Frau Wang _____, wurden sie krank. (aus dem Urlaub zurückkommen)

2 Er war in dem Bewerbungsgespräch überzeugend, denn er _____ _____. (sich gut über die Firma informieren)

3 Ich wollte dich zu Hause anrufen, aber du _____. (schon aus dem Haus gehen)

4 Sie konnte gestern beim Sport nicht mitmachen, weil sie _____ _____. (ihre Turnschuhe vergessen)

12 Was ist passiert (Präteritum oder Perfekt)? Was ist vorher passiert (Plusquamperfekt)? Schreiben Sie Sätze wie im Beispiel.

1 er: den Führerschein bekommen / er: ein Auto kaufen
2 ich: den Text fertig schreiben / ich: den Text ausdrucken
3 der Aufzug: kommen / wir: den Knopf drücken
4 ich: heute Morgen nicht gleich Kaffee trinken können / du: gestern Abend die Kaffeetassen und Löffel nicht abwaschen

> *Er hatte den Führerschein bekommen. Er kaufte ein Auto.*

13 Sibels Weg zur Selbstständigkeit. Schreiben Sie Sätze wie im Beispiel in Ihr Heft.

> ~~eine gute Geschäftsidee finden / einen Existenzgründerkurs machen~~ • einen Existenzgründerkurs machen / Räume für das Geschäft suchen • Räume für das Geschäft finden / einen Kredit aufnehmen • einen Kredit aufnehmen / ein Gewerbe anmelden • ein Gewerbe anmelden / einen Brief vom Finanzamt bekommen

> *1 Nachdem Sibel eine gute Geschäftsidee gefunden hatte, machte sie einen Existenzgründerkurs.*

14 Und Sie? Ergänzen Sie die Sätze. Schreiben Sie in Ihr Heft.

1 Ich bin ungeduldig geworden, nachdem ...
2 Ich habe angefangen Deutsch zu lernen, nachdem ...
3 Ich konnte mich auf der Behörde schon viel besser verständigen, nachdem ...

15 Wiederholung: Satzverbindungen. Ergänzen Sie.

> damit • nachdem • bevor • wenn • während • danach • vorher

1 Jetzt arbeitet sie halbtags. .... die Kinder größer sind, möchte sie wieder ganztags arbeiten.

2 2007 hat sie Abitur gemacht. .... hat sie drei Monate in einer Internetfirma gejobbt.

3 Er hat beschlossen, sich selbstständig zu machen. .... hatte er lange mit seinen Freunden darüber diskutiert und sie um Rat gefragt.

4 .... er die Ausbildung zum Altenpfleger macht, bekommt er noch nicht so viel Geld.

5 .... sie den Existenzgründerkurs besucht hatten, wussten sie, wie sie ihre Geschäftsidee weiterentwickeln konnten.

6 .... er als Arzt arbeiten kann, muss er seine Zeugnisse anerkennen lassen, eine Sprachprüfung und eine medizinische Prüfung machen.

C Der Weg in die Selbstständigkeit

16 Ergänzen Sie den Text.

> Kapital • Experten • Standort • Dienstleistungen • Geschäftsidee • Förderprogramm • Businessplan • Qualifikationen • Mitarbeiter

Lieber Gregor,

wie du weißt, habe ich eine tolle .... : Ich möchte einen Übersetzungs-Service eröffnen.

Nun möchte ich bei einem europäischen .... Hilfe für die Finanzierung beantragen.

Dazu muss ich einen .... schreiben. Darin soll ich z. B. beschreiben,

welche .... ich anbieten will, wo der .... meines Unternehmens

sein soll, welche .... ich habe, ob ich .... einstelle, wie viel

.... ich brauche und wie viel Geld ich ungefähr verdienen werde. Kannst du

einen .... empfehlen, der mir bei diesem Geschäftsplan helfen kann?

Vielen Dank und herzliche Grüße
Eddi

17a Nomen und Verben. Was passt zusammen? Ordnen Sie zu.

1 sich selbstständig
2 ein eigenes Unternehmen
3 Ziele
4 sich in der Branche
5 sich von Experten
6 Kunden
7 eine Dienstleistung
8 einen Kredit

A gründen
B beantragen
C gut auskennen
D machen
E gewinnen
F erreichen
G beraten lassen
H anbieten

17b Wählen Sie drei Nomen-Verb-Verbindungen aus 17a und schreiben Sie je einen Satz in Ihr Heft.

Eddi möchte sich mit einem Übersetzungs-Service selbstständig machen.

18 Ergänzen Sie die Sätze. Achten Sie auf die Endungen der Nomen.

Polizist • Herr • Kollege • Franzose • Name • Fahrkartenautomat

1 Bitte tragen Sie auf diesem Formular Ihren .... ein.
2 Guten Tag, können Sie diesen Brief .... Amann geben?
3 Ich habe einen Freund, der .... ist. Er lebt in Paris.
4 Können Sie mir erklären, wie man den .... bedient?
5 Letzte Woche habe ich mit meinem .... eine Radtour gemacht.
6 Gestern sind wir bei Rot über die Ampel gegangen und von einem .... angehalten worden.

19 In der Bank. Ordnen Sie den Dialog. Kontrollieren Sie dann mit dem Hörtext.

☐ Ja, ich habe ihn auch mitgebracht. Hier ist er.
☐ Wann bekommen wir Bescheid?
☐ Vielen Dank. Wie viel Geld brauchen Sie denn?
☐ Ich rufe Sie in den nächsten Tagen an.
☐ Ja, was für ein Geschäft wollen Sie denn eröffnen?
☐ Haben Sie schon einen Businessplan?
☐ Wir brauchen insgesamt 100 000 Euro. 30 000 Euro haben wir gespart.
☒ 1 Guten Tag, ich habe gesehen, dass Sie besondere Kreditangebote für Existenzgründer haben.
☐ Meine Frau und ich möchten einen Taxiservice zu den Flughäfen anbieten.
☐ Also 70 000 Euro Kredit. Ich weiß aber jetzt noch nicht, ob Sie den Kredit bekommen. Vorher muss ich Ihre Unterlagen genau ansehen.

20 Fragen und Antworten beim Finanzberater. Was passt zusammen? Verbinden Sie.

1 Bieten Sie besondere Kredite für Existenzgründer an?
2 Wie viel Eigenkapital haben Sie?
3 Ich brauche auch Informationen zu den erwarteten Einnahmen
4 Wie lange dauert die Bearbeitung?

A Ja, natürlich. Hier ist ein detaillierter Businessplan.
B Normalerweise nur ein paar Tage.
C Ja, für Existenzgründer haben wir ein Kreditangebot mit sehr niedrigen Zinsen.
D Wir haben 25 000 Euro gespart.

21 Textkaraoke: Beim Finanzberater. Hören, lesen und sprechen Sie die 👄-Rolle im Dialog.

👂 …
👄 Ein Modegeschäft.
👂 …
👄 In der Innenstadt, am Marktplatz.
👂 …
👄 Ja, ich habe ihn dabei.
👂 …
👄 Wenn alles gut geht, in vier Monaten.
👂 …
👄 Das weiß ich noch nicht genau, ein oder zwei.

👂 …
👄 Ich brauche ungefähr 120 000 Euro.
👂 …
👄 So bald wie möglich.

22a Schreibaufgabe. Hören und schreiben Sie die E-Mail.

22b Schreiben Sie eine formelle E-Mail. Denken Sie an Betreff, Anrede und Gruß.
DTZ

Sie haben einen Termin mit dem Kreditberater. Sie sind krank geworden und können den Termin nicht wahrnehmen. Deshalb schreiben Sie einen Brief an den Kreditberater, Herrn Kaymaz.

Schreiben Sie etwas zu folgenden Punkten:
- Grund für Ihr Schreiben
- Entschuldigung
- Bitte um Informationen
- Bitte um einen neuen Termin

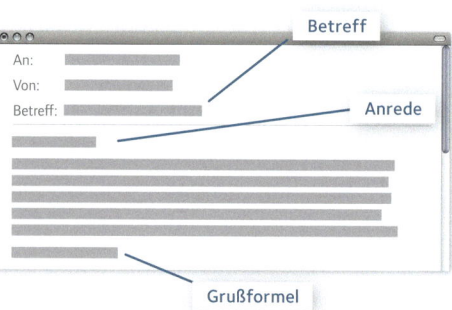

Deutsch Plus

23a Vergleichen Sie das Foto mit dem Text. Was glauben Sie, was bietet der Stammtisch für Freiberufler seinen Mitgliedern?

Stammtisch der Unterroder Freelancer

> Freiberufler sind Personen, die selbstständig in einem Freiberuf arbeiten und kein Gewerbe betreiben. Als Freiberufe gelten unter anderem juristische Berufe (z. B. Anwälte), Heilberufe (z. B. Ärzte mit eigener Praxis), kreative Berufe (z. B. Künstler, Schriftsteller, Journalisten) und Berufe im Erziehungs- und Bildungsbereich (z. B. VHS-Dozenten).

23b Lesen Sie den Text und ordnen Sie die Fragen den Textabschnitten zu.

1 Sie suchen Freelancer?   2 Wer sind wir?   3 Was wollen wir?

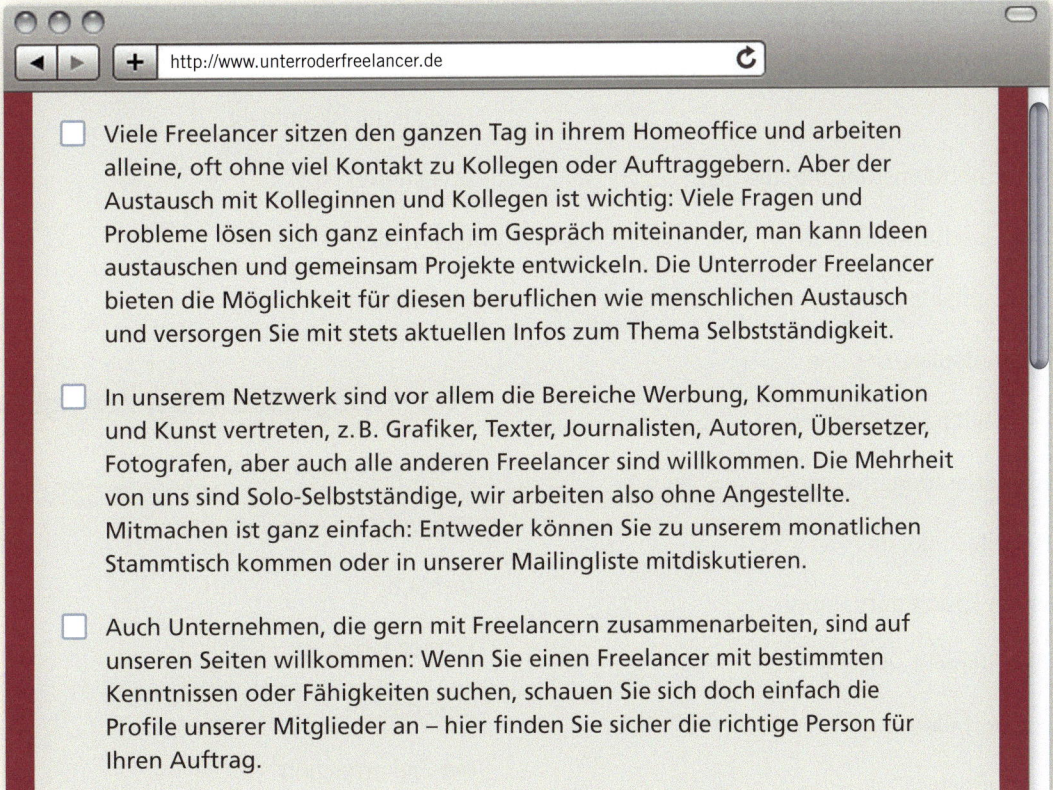

http://www.unterroderfreelancer.de

☐ Viele Freelancer sitzen den ganzen Tag in ihrem Homeoffice und arbeiten alleine, oft ohne viel Kontakt zu Kollegen oder Auftraggebern. Aber der Austausch mit Kolleginnen und Kollegen ist wichtig: Viele Fragen und Probleme lösen sich ganz einfach im Gespräch miteinander, man kann Ideen austauschen und gemeinsam Projekte entwickeln. Die Unterroder Freelancer bieten die Möglichkeit für diesen beruflichen wie menschlichen Austausch und versorgen Sie mit stets aktuellen Infos zum Thema Selbstständigkeit.

☐ In unserem Netzwerk sind vor allem die Bereiche Werbung, Kommunikation und Kunst vertreten, z. B. Grafiker, Texter, Journalisten, Autoren, Übersetzer, Fotografen, aber auch alle anderen Freelancer sind willkommen. Die Mehrheit von uns sind Solo-Selbstständige, wir arbeiten also ohne Angestellte. Mitmachen ist ganz einfach: Entweder können Sie zu unserem monatlichen Stammtisch kommen oder in unserer Mailingliste mitdiskutieren.

☐ Auch Unternehmen, die gern mit Freelancern zusammenarbeiten, sind auf unseren Seiten willkommen: Wenn Sie einen Freelancer mit bestimmten Kenntnissen oder Fähigkeiten suchen, schauen Sie sich doch einfach die Profile unserer Mitglieder an – hier finden Sie sicher die richtige Person für Ihren Auftrag.

23c Lesen Sie den Text noch einmal und beantworten Sie die Fragen in Ihrem Heft.

1 Wie wird in dem Text der Arbeitsalltag der Freiberufler beschrieben?
2 Welche Vorteile soll der Stammtisch für die Freiberufler bieten?
3 Wieso ist diese Internetseite auch für Unternehmen interessant?

24 Machen Sie in einem beruflichen Netzwerk mit oder würden Sie dort mitmachen? Schreiben Sie zwei bis drei Sätze in Ihr Heft.

8 Wichtige Wörter

Start, der, -s

Inhaber/in, der/die, -/-nen

leiten

reichen

hart

weiterempfehlen

Verantwortung, die, Sg.

Verantwortung tragen

Entscheidungen treffen

sich selbstständig machen

A Existenzgründer

Berufsleben, das, Sg.

Existenzgründer/in, der/die, -/-nen

Unternehmensführung, die, Sg.

Das Geschäft läuft gut.

Geschäftsidee, die, -n

Businessplan, der, "-e

Geschäftsraum, der, "-e

Niederlassung, die, -en

Arbeitsstelle, die, -n

einen Kredit aufnehmen

Arbeitsrecht, das, Sg.

schwerfallen

schließlich

beschließen

Beginn, der, Sg.

Kongress, der, -e

stolz

einen Wunsch erfüllen

frisch

kaum

entwickeln

lohnen (+ sich)

ziemlich

inzwischen

überraschen

B Der Senfsalon

Senf, der, Sg.

Finanzamt, das, "-er

Gewerbe, das, -

Existenzgründerkurs, der, -e

IHK, die (=Industrie- und Handelskammer)

investieren

Laden, der, "-

ein}richten

C Der Weg in die Selbstständigkeit

Finanzierung, die, -en

Planung, die, -en

fachlich

Branche, die, -n

Ziel, das, -e

ein Ziel erreichen

entscheiden

Ratschlag, der, "-e

aus}kennen (+ sich)

versuchen

beantworten

Experte/Expertin, der/die, -n/-nen ....

Weiterbildungsangebot, das, -e ....

Finanzen, Pl. ....

Anregung, die, -en ....

Plan, der, "-e ....

Dienstleistung, die, -en ....

Geschäftsplan, der, "-e ....

Unternehmer/in, der/die, -/-nen ....

Förderprogramm, das, -e ....

Finanzberater/in, der/die, -/-nen ....

Standort, der, -e ....

Lieferant/in, der/die, -en/-nen ....

Eigenkapital, das, Sg. ....

Schulden, Pl. ....

zurück⟩zahlen ....

Unterlagen, die, Pl. ....

1 Ergänzen Sie das passende Verb in der richtigen Form.

tragen • treffen • erreichen • zurückzahlen • auskennen

1 Wer sich selbstständig macht, muss viele Entscheidungen ....

2 Ich habe mit vielen Bekannten gesprochen, die sich in der Branche gut ....

3 Nun habe ich mein Ziel .... und kann meine Schulden ....

4 Wenn man selbstständig ist, ... man viel Verantwortung.

2 Schreiben Sie die Wörter zu den Erklärungen und ordnen Sie die Sätze zu.

kaum • ziemlich • inzwischen • schließlich

1 sehr, aber nicht extrem: ....

2 in der Zeit zwischen einem Punkt in der Vergangenheit und jetzt: ....

3 nur sehr wenig, fast nicht: ....

4 zum Schluss, nach längerer Zeit: ....

A Es hat lange gedauert. Aber … konnte ich einen Businessplan schreiben.

B Ich musste … lange suchen, bis ich passende Geschäftsräume gefunden habe.

C Am Anfang hatte ich große Schwierigkeiten mit den Finanzen, … kenne ich mich gut damit aus.

D Ich habe mit meinem Geschäft zunächst sehr wenig verdient. Ich konnte … davon leben.

3 🔊 2.11 Wörter hören und nachsprechen. Hören Sie zu und sprechen Sie nach.

1 der Businessplan – der Job – die Branche – die Chance

2 die Geschäftsidee – die Arbeitsstelle – die Unternehmensführung – das Arbeitsrecht

3 die Finanzen – das Finanzamt – der Finanzberater – die Finanzierung – finanziell

8 Wichtige Wörter

1 Einzelhandelsunternehmen

Zum Beispiel: Apotheke

2 Dienstleistungsunternehmen

Zum Beispiel: Fahrradkurier

3 Handwerksbetriebe

Zum Beispiel: Dachdecker

4 Industrieunternehmen

Zum Beispiel: Druckerei

4a Einzelhandel, Dienstleistung, Handwerk oder Industrie? Ordnen Sie zu.

- ☐ Das ist eine Firma, die gegen Bezahlung einen Service anbietet.
- ☐ Es werden Dinge von verschiedenen Herstellern verkauft. Sie werden nicht an andere Firmen verkauft, sondern an die Leute, die die Dinge verbrauchen.
- ☐ Das ist ein Betrieb, in dem Dinge mit Maschinen in großen Mengen produziert werden.
- ☐ Das ist ein Betrieb, in dem Dinge selbst repariert, umgestaltet, bearbeitet oder hergestellt werden. Dazu gehören viele Berufe, die eine lange Tradition haben.

4b Zu welchen Bereichen gehören die Beispiele? Diskutieren Sie und ordnen Sie zu. Sammeln Sie weitere Betriebe.

> Drogeriemarkt • Versicherungsagentur • Automobilhersteller • Tischlerei

5 Diskutieren Sie in Kleingruppen. Berichten Sie dann im Kurs.

1. Welche Firmen sind oft Familienbetriebe?
2. Welche Firmen brauchen ein hohes Eigenkapital?
3. In welchen Firmen braucht man gute Kontakte ins Ausland?
4. In was für einer Firma haben Sie schon gearbeitet oder möchten Sie gerne arbeiten?

6a Der Weg in die Selbstständigkeit. Welche Begriffe passen am besten zu den Fotos? Ordnen Sie zu.

einen Kredit aufnehmen • sich verschulden • Zinsen zahlen • einen Kredit abzahlen • einen Flyer erstellen • Kunden werben • einen Kreditantrag stellen • an einem Existenzgründerseminar teilnehmen • mit Freunden diskutieren • sich informieren • sich beraten lassen • einen Vertrag für eine GmbH abschließen • einen Vertrag bei einem Notar abschließen • sich ins Handelsregister eintragen lassen • Geschäftsräume besichtigen • Geschäftsräume einrichten

6b Bringen Sie die Fotos in eine sinnvolle Reihenfolge.

7 Hören Sie. Welches Problem hatte Frau Yaya, als sie sich selbstständig gemacht hat? Ordnen Sie ein Foto zu.

8 Wählen Sie ein Foto aus und sprechen Sie 2 Minuten darüber. Stoppen Sie die Zeit.

Ein Existenzgründerseminar ist wichtig, weil ...

9 Natur und Umwelt

1 Auf dem Land. Sehen Sie sich das Bild an und ergänzen Sie den Text.

Stall •
Wald •
Bach •
Gebirge •
Tal •
Bauernhof •
Energie •
Feld •
Biogasanlage •
Kühe •
Wiese

Hier ist ein Bild von dem .... meines Onkels. Links ist das Haus, in dem er wohnt. In der Mitte ist der .... für die ...., aber die sind jetzt auf der .... rechts neben der großen ...., die .... produziert. Auf dem .... hinter dem Haus wachsen Kartoffeln. Etwas weiter hinten ist ein .... mit sehr alten Bäumen, in dem wir als Kinder viel gespielt haben. Ganz hinten sieht man das hohe .... In diesen Bergen waren wir als Jugendliche oft wandern. Links hinten sieht man auch ein Stück von dem schönen ...., wo wir im Sommer im .... gebadet haben.

2 Wie sieht die Landschaft in Ihrem Geburtsort aus? Schreiben Sie in Ihr Heft.

3a 🔊 2.13 Hören Sie den Text und kreuzen Sie an: Richtig oder falsch?

Herr und Frau Böhm haben keine Lust mehr, Urlaub auf dem Bauernhof zu machen.   R ☐ F ☐

3b 🔊 2.13 Hören Sie noch einmal und beantworten Sie die Fragen in Ihrem Heft.

1 Was ist auf dem Bauernhof besser als in Stuttgart?
2 Was können Herr und Frau Böhm vom Balkon der Ferienwohnung aus sehen?
3 Was war für die Kinder gut, als sie klein waren?
4 Warum kommen die Kinder nicht mehr mit auf den Bauernhof?
5 Wie ist der Kontakt zu den anderen Feriengästen und zu Familie Wehrle?

A Umweltschutz

4 Ergänzen Sie die zusammengesetzten Nomen.

> Wasser • Wandel • Kraftwerke • Spiegel • Wirtschaft • Stoffe • Schutz • Verschmutzung • Qualität

1 Ich denke, die Luft............................ ist in vielen Regionen ein großes Problem. Ein Grund dafür sind die Kohle............................ .

2 In vielen Ländern ist die Wasser............................ schlecht, deshalb haben sie Probleme mit dem Trink............................ .

3 Ich habe gelesen, dass durch den Klima............................ die Erde immer wärmer wird und der Meeres............................ steigt.

4 Leider werden in der Land............................ oft giftige Chemikalien benutzt.

5 Es ist wichtig, dass wir weniger Roh............................ verschwenden und mehr für den Umwelt............................ tun.

5a Frau Dietz berichtet. Lesen Sie und bringen Sie die Bilder in die richtige Reihenfolge.

  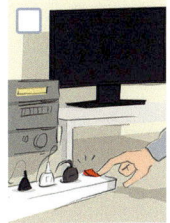   

> Wir tun in unserer Familie viel für den Umweltschutz. Ganz wichtig ist für uns, dass wir Müll vermeiden. Deshalb kaufen wir, wann immer das möglich ist, Waren ohne oder mit nur wenig Verpackung ein. Um einzukaufen, benutzen wir nicht das Auto, sondern das Fahrrad oder öffentliche Verkehrsmittel. In den Urlaub fahren wir meistens mit dem Zug. Unser Auto benutzen wir nur, wenn wir etwas transportieren müssen, oder wenn wir aufs Land fahren, wo die Verkehrsverbindungen schlecht sind. Auch in der Wohnung sparen wir Energie: Im Winter heizen wir nur die Räume, die wir auch wirklich benutzen. Bevor wir die Wohnung verlassen, stellen wir die Heizung immer auf 18 Grad und schalten das Licht und andere Elektrogeräte aus. Übrigens gibt es neben dem Umweltschutz noch einen zweiten Grund, warum wir Energie sparen: Das sind die hohen Energiepreise.

5b Lesen Sie den Text noch einmal und markieren Sie: Richtig oder falsch?

R F
1 Die Familie findet es schwer, Müll zu vermeiden. ☐ ☐
2 Sie benutzen ihr Auto selten. ☐ ☐
3 Sie finden es wichtig, dass im Winter alle Räume warm sind. ☐ ☐
4 Sie wollen nicht zu viel Geld für Energie ausgeben. ☐ ☐

6 Wiederholung: Präpositionen (Zeit). Ergänzen Sie die Sätze.

> seit • im • am • um • bis • vor • in • von • bis

1 Sie machen .... Sommer eine Radtour.
2 Ich war .... einem Jahr in Spanien.
3 Der Bus fährt genau .... 7.20 Uhr ab.
4 Oft kann er .... der Nacht nicht schlafen.
5 Sonntags bleibt er .... mittags im Bett.
6 Sie wohnen .... dem Sommer in der neuen Wohnung.
7 Der Test geht .... 8.00 .... 9.00 Uhr.
8 Die Hausaufgaben macht er .... Abend.

7 Verbinden Sie die Sätze mit *seit* oder *seitdem*. Schreiben Sie in Ihr Heft.

1 Anja und Thomas hatten Streit. Sie sprechen nicht mehr miteinander.
2 Wir haben ein Baby. Wir können abends nicht mehr ausgehen.
3 Er macht mehr Sport. Er fühlt sich gesünder.
4 Wir haben uns vor fünf Jahren getroffen. Wir sind glücklich zusammen.
5 Wir wohnen auf dem Land. Ich muss das Auto für die Fahrt zur Arbeit benutzen.

1 Seit Anja und Thomas Streit hatten, ...

8a Präposition und Konjunktion. Wie kann man es noch sagen? Ordnen Sie zu.

1 seit ihrer Heirat
2 vor seiner Urlaubsreise
3 während unseres Gesprächs
4 nach dem Essen

A bevor er in den Urlaub fährt
B während wir miteinander gesprochen haben
C nachdem ich gegessen hatte
D seitdem sie verheiratet sind

8b Schreiben Sie sechs Sätze mit den Satzteilen aus 8a in Ihr Heft.

Seit ihrer Heirat leben sie nicht mehr bei ihren Eltern.

9 Schreiben Sie drei Sätze mit *seit* oder *seitdem*.

1 .... *seit ich den Deutschkurs mache.*
2 *Seitdem* ....
3 ....

10 Schreiben Sie Sätze mit *bevor*, *während*, *nachdem*, *als* oder *seit/seitdem*.

1 Yavuz Kargi ist nach Deutschland gekommen. Danach hat er Deutsch gelernt.

2 Bei Matzon gab es Verhandlungen. Vorher haben die Mitarbeiter demonstriert.

3 Frau Caldera war noch jung. Es gab noch keine Computer.

4 Ich kann besser Deutsch sprechen. Ich fühle mich wohl in Deutschland.

5 Ich putze jetzt die Küche. Du hängst jetzt die Wäsche auf.

11a Was passt zusammen? Ordnen Sie zu und kontrollieren Sie mit dem Hörtext.

1 Ich hätte den Vorschlag, dass man Privatautos verbietet.
2 Es ist wichtig, dass wir weniger Strom verbrauchen.
3 Die Politiker müssten mehr Gesetze für den Umweltschutz machen.
4 Man sollte auch mehr Wasser sparen.

A Das sehe ich auch so. Dann gibt es auch weniger Probleme mit dem Trinkwasser.
B Vielleicht, aber wir sollten uns nicht nur auf die Politik verlassen. Jeder muss etwas tun.
C Ich meine, das ist unrealistisch. Es ist nicht möglich, dass alle nur noch öffentliche Verkehrsmittel benutzen.
D Ich glaube, das ist eine sinnvolle Idee. Wir sollten nie vergessen Elektrogeräte, die wir nicht benutzen, auszuschalten.

11b Hören Sie erneut und sprechen Sie die passende Antwort mit.

B Erneuerbare Energien

12a Welche Komposita können Sie mit dem Wort *Energie* bilden? Ergänzen Sie die Wörter mit Artikel.

1 Träger 2 Quelle 3 Kern 4 Solar 5 Wind 6 Form 7 Erzeugung

1 der Energieträger 2

12b Wählen Sie aus 12a drei Wörter aus und schreiben Sie Sätze wie im Beispiel.

Heute sind Kohle und Öl wichtige Energieträger.

13 Ergänzen Sie den Komparativ und den Superlativ.

1 viel – *mehr* – *am meisten*
2 gut – _____ – _____
3 gern – _____ – _____
4 hoch – _____ – _____
5 lang – _____ – _____
6 kurz _____ – _____
7 teuer – _____ – _____
8 oft – _____ – _____
9 klein – _____ – _____
10 groß – _____ – _____

14 Was ist richtig? Markieren Sie.

1 Der Februar ist von allen Monaten am kürzesten / kürzer.
2 Ein ICE ist schnell / schneller als ein Auto. Ein Flugzeug ist am schnellsten / schneller als.
3 Das Saarland ist kleiner / am kleinsten als Sachsen und größer wie / als Bremen.
4 Der August ist so lang / länger wie der Dezember.

15 Ergänzen Sie die Sätze.

> am liebsten • lieber • mehr • gut • am meisten • am besten

1 Ich esse gerne Reis, aber Kartoffeln mag ich _____ als Reis. _____ esse ich Nudeln.
2 Martin spricht _____ Französisch, aber Englisch spricht er besser. _____ spricht er Deutsch, denn das ist seine Muttersprache.
3 Ich habe von Montag bis Freitag nicht viel Zeit. Samstags ist es ein bisschen besser, da habe ich _____ Zeit, aber sonntags habe ich immer _____ Zeit.

16 Vergleichen Sie! Ergänzen Sie die Sätze.

1 Die Hose ist zu kurz. Probier mal diese hier an, die ist etwas _____. (lang)
2 Diese Brille ist _____ _____ die andere, sie kostet 10 Euro _____. (teuer, viel)
3 Mein Bruder ist so _____ _____ ich, aber meine Schwester ist viel _____. (groß, klein)

17 Beantworten Sie die Fragen in Ihrem Heft.

1 Was essen Sie am liebsten?
2 Welchen Film finden Sie am interessantesten?
3 Welche Jahreszeit finden Sie am schönsten?
4 Welche Sprache sprechen Sie am besten?

C Mülltrennung

18 Hier ist der Müll falsch verteilt. Was kommt wohin? Schreiben Sie Sätze.

Die Zeitungen und die Prospekte kommen nicht in das Altglas, sondern …

19 Wiederholung: Präpositionen (Ort und Richtung). Ergänzen Sie die Sätze.

> vor die • vor dem • in die • neben die • neben der • zwischen dem • in den

1. Am Montag stelle ich die Mülltonnen immer .... Tür.
2. Altpapier kommt .... blaue Tonne.
3. Der Sperrmüll ist jetzt .... Haus.
4. Bitte wirf die Bananenschale nicht .... Restmüll.
5. Die Gelbe Tonne steht .... Biomüll und dem Glascontainer.
6. Manchmal stellen die Leute ihren Müll .... Mülltonnen.
7. Die Biotonne steht .... Tonne für den Restmüll.

20 Textkaraoke. Hören, lesen und sprechen Sie die 👄-Rolle im Dialog.

👂 …

👄 Guten Tag, Geissler mein Name. Ich möchte gerne Sperrmüll abholen lassen.

👂 …

👄 Kann ich das auch per E-Mail machen?

👂 …

👄 Das ist gut. Muss ich auf der Karte angeben, was Sie abholen sollen?

👂 …

👄 Gut. Dann schicke ich die Karte heute noch und stelle den Sperrmüll gleich auf die Straße.

👂 …

👄 Aha, kann ich denn auf der Karte einen Terminwunsch für nächste Woche eintragen?

👂 …

👄 Dann ist alles klar. Vielen Dank und auf Wiederhören!

einhundertdreizehn 113

21 Erklären Sie. Was kann man wo abgeben?

1 Auf dem Recyclinghof kann man Müll abgeben, _____.

2 In den Sperrmüll gehören z. B. _____.

3 _____ kann man z. B. in Supermärkten entsorgen.

D Tiere

22 Welches Tier hören Sie? Ordnen Sie zu.

A ☐ das Huhn   C ☐ die Kuh   E ☐ der Vogel   G ☐ das Schwein
B ☐ das Schaf D ☐ der Hund F ☐ die Katze   H ☐ das Pferd

23 Schreiben Sie die Sätze mit den Nomen in der Grundform. Achten Sie auf den Artikel.

1 In einem Städtchen wohnt ein Männchen.
   In einer Stadt wohnt ein Mann.

2 In seinem Häuschen wohnen auch ein Kätzchen und ein Hündchen.

3 In seinem Zimmerchen sind ein Tischchen, zwei Stühlchen, ein Bettchen und ein Schränkchen.

4 Auf dem Tischchen liegen ein Löffelchen, ein Gäbelchen und ein Messerchen.

5 In seinem Gärtchen hat er viele Blümchen und Bäumchen.

24 Haustiere in Deutschland. Was ist Ihre Meinung dazu? Schreiben Sie in Ihr Heft.

25 Schreibtraining. Finden Sie in diesem Text elf weitere Fehler. Korrigieren Sie.

~~Gern~~ die Deutschen mögen Haustiere. Viele Leute haben einen Hund oder eine Katze und die Tiere darf sehr viel machen. Die Leute ausgeben viel Geld für die Tiere und müssen sie für ihre Hunde Steuern bezahlen. Es gibt auch Friseur für Hunde. Mir machen großen Hunde Angst. Katzen mag ich viel. Sie haben einen eigene Kopf und sind selbstständig als Hunde. Aber auch Katzen muss mann erziehen. Sie kommen gern im Bett und machen oft Sofas und Sessel kaputt. Sie müssen lernen, dass sie nicht dürfen das.

Die Deutschen mögen …

114   einhundertvierzehn

Deutsch Plus

26a Was passt zusammen? Ordnen Sie die Begriffe den Bildern zu.

1. ☐ die Naschkatze
2. ☐ der Bücherwurm
3. ☐ der Pechvogel
4. ☐ der Spaßvogel
5. ☐ die Wasserratte
6. ☐ der Schafskopf
7. ☐ der Streithammel
8. ☐ der Angsthase

26b Was passt? Ergänzen Sie die Sätze mit den Wörtern aus 26a.

1. Du hast die ganze Schokolade gegessen? Du bist ja eine richtige *Naschkatze*.
2. Mein Sohn geht sehr gerne schwimmen. Er ist eine kleine ....
3. Der größte ...., den ich kenne, ist Hendrik. Mit ihm ist eine Party immer lustig und alle lachen über seine Witze.
4. Er kann fast ohne Pause lesen. Er ist ein echter ....
5. Ich mag einen .... wie Peter nicht. Mit ihm gibt es immer nur Ärger.
6. Sei doch nicht so ein .... Eine Nachtwanderung im Wald macht Spaß und ist ungefährlich.
7. Warum habe ich so dumme Fehler gemacht? Manchmal bin ich ein ....
8. Martin ist ein wahrer .... Sein neues Auto ist schon wieder kaputt.

27 Gibt es ähnliche Beschreibungen von Menschen oder menschlichen Eigenschaften auch in Ihrer Muttersprache? Berichten Sie.

Einen Menschen, der sehr mutig ist, nennt man...

9 Wichtige Wörter

Bach, der, "-e ....
Tal, das, "-er ....
Gebirge, das, - ....
Landschaft, die, -en ....
Landwirtschaft, die, Sg. ....
Klimawandel, der, Sg. ....

Tier- und Pflanzenarten, Pl. ....
LED-Lampe, die, -n ....
heizen ....
ab|schalten ....
unrealistisch ....
Quatsch, der, Sg. ....

A Umweltschutz

Umweltschutz, der, Sg. ....
Trinkwasser, das, Sg. ....
Kohlekraftwerk, das, .- ....
Strom, der, Sg. ....
Öl, das, -e ....
Rohstoff, der, -e ....
Umweltproblem, das, -e ....
Abgase, Pl. ....
verschmutzen ....
Luftverschmutzung, die, Sg. ....
Verschmutzung, die, Sg. ....
Hochwasser, das, - ....
giftig ....
Chemikalie, die, -n ....
Lärm, der, Sg. ....
Mülltrennung, die, Sg. ....
Verpackungsmüll, der, Sg. ....
verschwenden ....
recyceln ....
seit, seitdem ....
gering ....
Naturschutzgebiet, das, -e ....

B Erneuerbare Energien

erneuerbar ....
Windenergie, die, Sg. ....
Wasserkraft, die, Sg. ....
lebenswichtig ....
energiesparend ....
sparsam ....
Klima, das, Sg. ....
Kernenergie, die, Sg. ....
Kernkraftwerk, das, -e ....
Atommüll, der, Sg. ....
schädlich ....

C Mülltrennung

Abfall, der, "-e ....
Müllentsorgung, die, Sg. ....
entsorgen ....
Container, der, - ....
Biomüll, der, Sg. ....
Restmüll, der, Sg. ....
Sperrmüll, der, Sg. ....
Schadstoff, der, -e ....
Batterie, die, -n ....
Akku, der, -s ....

Babywindel, die, -n .... klug ....

Matratze, die, -n .... feige ....

mutig ....

D Tiere

faul ....

Schaf, das -e .... wild ....

Kuh, die, "-e .... bescheiden ....

Pferd, das, -e .... scheu ....

Huhn, das, "-er .... neugierig ....

Vogel, der, " .... lieb ....

Schwein, das, -e .... treu ....

streicheln ....

reiten ....

1 Welches Wort passt nicht? Streichen Sie.

1 Gebirge – Tal – Bach – Berg – Stall – Wald
2 Strom – Abfallkalender – Biomüll – Altpapier – Sperrmüll
3 Windenergie – Öl – Erdwärme – Wasserkraft – Solarenergie
4 Kohle – Sonne – Gas – Öl
5 lieb – treu – faul – klug – intelligent
6 Schaf – Pferd – Ziege – Reh – Huhn

2 Ergänzen Sie die Verben in der richtigen Form.

> verschmutzen • entsorgen • schaden • vermeiden • abgeben • speichern

1 Herr Schmidt versucht, Müll zu ....
2 Giftige Chemikalien .... der Natur.
3 Abgase .... die Luft.
4 Der Abfallkalender informiert, wie der Müll .... wird.
5 Es ist oft schwierig, Energie zu ....
6 Giftigen Müll kann man auf Recyclinghöfen ....

2.17

3 Wörter hören und nachsprechen. Hören Sie zu und sprechen Sie nach.

1 klug – mutig – wild – bescheiden
2 das Wasser – die Wasserqualität – das Trinkwasser – die Wasserverschmutzung
3 die Biogasanlage – die Solaranlage – das Kohlekraftwerk – das Kernkraftwerk

9 Wichtige Wörter

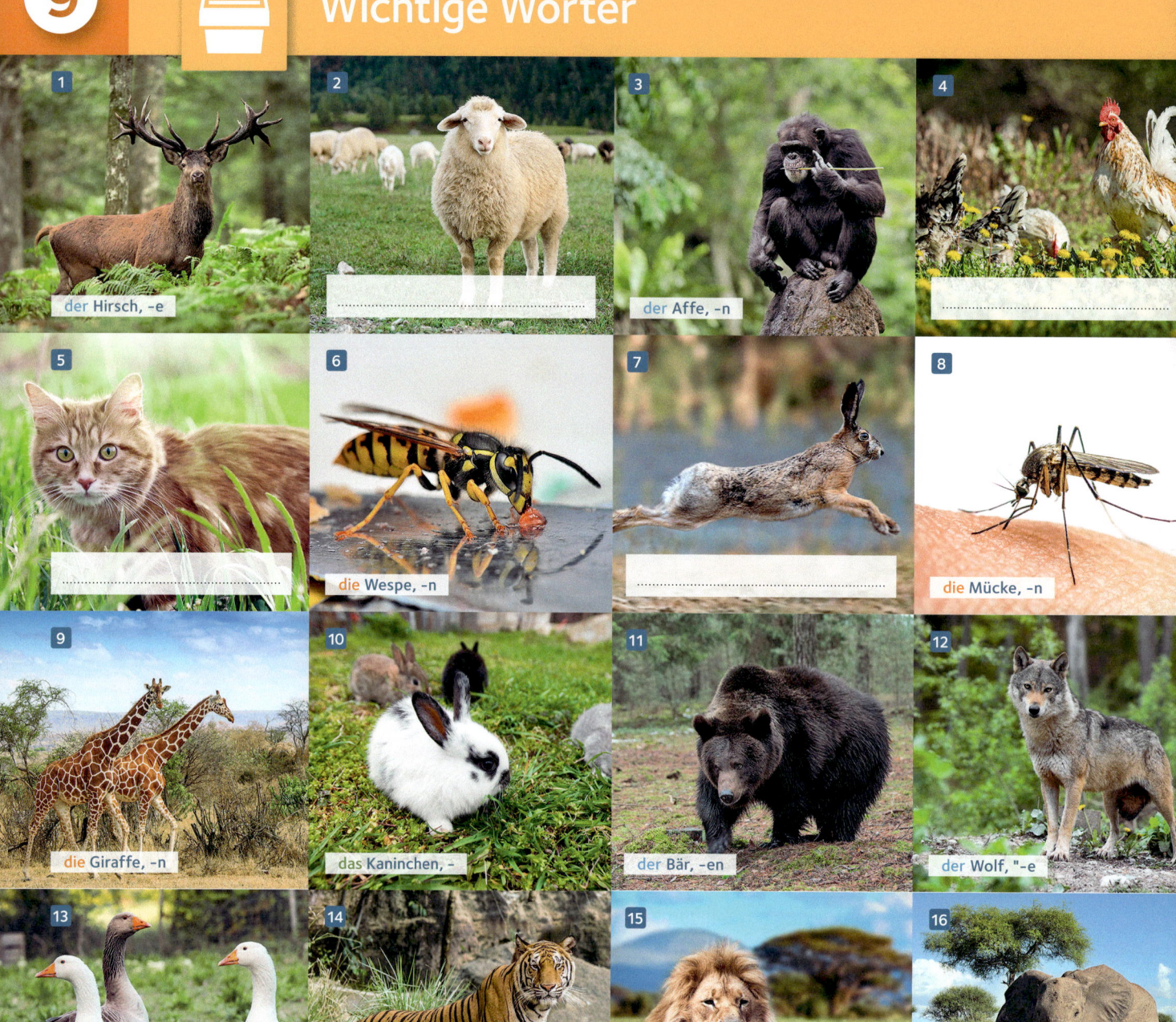

4 Ergänzen Sie die Wörter in 1–32 mit Artikel und Plural.

5 Hören Sie die Wörter und sprechen Sie nach.

6 Welche Geräusche machen die Tiere? Notieren Sie die Namen der Tiere.

wiehern .... muhen .... miauen ....

zwitschern .... brüllen .... summen ....

piepsen .... grunzen .... bellen ....

gackern .... brummen .... krähen ....

7 Was wissen Sie über die Tiere? Berichten Sie.

> Affen gibt es in Afrika, aber auch auf anderen Kontinenten. Sie sind ziemlich intelligent.

> Insekten gibt es überall auf der Welt. Bienen zum Beispiel bringen Honig. Viele andere Tiere leben von Insekten.

8 Bilden Sie Gruppen mit drei oder vier Personen. Jede Gruppe beschreibt ein Tier wie im Beispiel. Die anderen Kursteilnehmer raten, welches Tier gemeint ist.

> Dieses Tier ist schon seit sehr langer Zeit ein beliebtes Haustier. Man sagt, dass das Tier treu ist. Aber man muss jeden Tag mit dem Tier draußen spazieren gehen.

Station 3

1a Lesen Sie und ergänzen Sie.

✓ ✗ **Ich kann auf Deutsch ...**

☐ ☐ **A** erzählen, wie ich gerne Urlaub mache.

1 Wann fahren Sie gerne weg?

....

2 Wohin fahren Sie gerne?

....

3 Was machen Sie gerne im Urlaub?

....

☐ ☐ **B** Verkehrsmeldungen verstehen.

> Bauarbeiten • Ausfahrt • Richtung • Umleitung

Auf der A5 .... Basel ist die .... Freiburg-Nord wegen .... gesperrt. Eine .... ist ausgeschildert.

☐ ☐ **C** sagen, was in der Werkstatt gemacht wird.

1 Die Autos 2 Das Fahrrad 3 Der Ölstand

☐ ☐ **D** über Selbstständigkeit und Existenzgründung sprechen.

1 Viele Leute machen sich selbstständig, weil ....

2 Wenn man selbstständig ist, muss man ....

3 Ein Businessplan ist für die Existenzgründung wichtig, weil ....

120 einhundertzwanzig

	✓	✗

E mit einem Bankberater über die Finanzierung sprechen. ☐ ☐

> Unterlagen • Eigenkapital • Zinsen • Kredit

1 • Ich habe 40 000 Euro ………………………, aber ich brauche noch weitere 50 000 Euro. Wie hoch sind die ………………………

2 • Wann kann ich den ……………………… bekommen? • Wir müssen erst die ……………………… prüfen.

F Umweltprobleme beschreiben. ☐ ☐

Wählen Sie eines der dargestellten Umweltprobleme aus und beschreiben Sie es.

………………………………………………………………………………………
………………………………………………………………………………………
………………………………………………………………………………………

G sagen, wie man die Umwelt schützen kann. ☐ ☐

………………………………………………………………………………………
………………………………………………………………………………………

H über Tiere sprechen. ☐ ☐

Wählen Sie ein Tier aus und schreiben Sie zwei Sätze.

………………………………………………………………………………………
………………………………………………………………………………………

1b Kontrollieren Sie mit den Lösungen und markieren Sie ✓ für *kann ich* und ✗ für *kann ich nicht so gut*.

3 Prüfungsvorbereitung DTZ: Schreiben

Wählen Sie Aufgabe A oder Aufgabe B. Zeigen Sie, was Sie können. Schreiben Sie möglichst viel. Schreiben Sie Ihren Text auf den Antwortbogen (s. Lösungen, letzte Seite).

Aufgabe A

Die Sprachschule Kramer bietet vierwöchige Englischkurse mit 20 Stunden pro Woche an. Sie wollen einen Kurs machen und brauchen noch Informationen. Schreiben Sie eine E-Mail an Frau Zeller bei der Sprachschule Kramer.

Schreiben Sie eine Anrede, einen Gruß und zu jedem Punkt ein bis zwei Sätze.

- Grund für Ihr Schreiben
- Information, wann Sie beginnen wollen
- Frage nach der Zahl der Teilnehmer pro Kurs
- Bitte um baldige Antwort

oder

Aufgabe B

Sie machen sich Sorgen, weil Ihre Tochter seit drei Wochen nicht zur Schule gehen will und ihre Noten immer schlechter werden. Sie möchten mit der Klassenlehrerin sprechen. Schreiben Sie eine Mitteilung für die Klassenlehrerin Ihrer Tochter.

Schreiben Sie eine Anrede, einen Gruß und zu jedem Punkt ein bis zwei Sätze.

- Grund für Ihr Schreiben
- Bitte um einen Gesprächstermin
- Information, wann Sie Zeit für ein Treffen hätten
- Bitte um baldige Antwort per E-Mail oder Telefon

Prüfungsvorbereitung DTZ: Schreiben

Redemittel für die Mitteilung

Datum und Ort: *Freiburg, 4. April 20…*

Die Anrede
- Sie kennen die Person, sagen aber „Sie" zu ihr:
  Lieber Herr Schmidt,
  Liebe Frau Grabowski,

- Sie kennen den Namen der Person, Sie kennen sie aber nicht persönlich:
  Sehr geehrter Herr Schmidt,
  Sehr geehrte Frau Grabowski,

Die Einleitung
- Hinter der Anrede steht ein Komma. Der erste Satz beginnt mit einem Kleinbuchstaben:
  am Samstag muss ich …

- Die Anredepronomen schreibt man groß: *Sie, Ihnen, Ihr / Ihre*
  Können Sie mir helfen?
  Ich danke Ihnen für Ihre Hilfe.

Höflichkeitsformen
- Um Hilfe bitten. In formellen Briefen benutzt man dafür oft den Konjunktiv II:
  Könnten Sie mir sagen / mitteilen, ob / wann …
  Ich wäre Ihnen dankbar, wenn Sie …
  Wäre es möglich, dass …
  Gerne würde ich …
  Ich würde mich sehr freuen, wenn Sie …

- Einen Grund nennen:
  Ich schreibe Ihnen, weil …
  Ich muss … Deshalb …

- Vorschläge machen:
  Könnten wir …
  Ich schlage vor, dass Sie / wir …

Schlusssätze – sich bedanken
Ich danke Ihnen (schon jetzt) für Ihre Hilfe / für Ihre Antwort.
Ich freue mich auf eine Antwort.
Über eine baldige Antwort würde ich mich sehr freuen.

Grußformel
- Sie kennen die Person mit Namen, sagen aber nicht „du" zu ihr (z. B. Kursleiter/in).
  Viele Grüße

- Sie kennen die Person nicht persönlich.
  Mit freundlichen Grüßen

Vergessen Sie nicht Ihre Unterschrift ganz am Ende des Briefes.

10 Gesund werden und bleiben

1 Wiederholung: Ergänzen Sie die Wörter in den Sätzen.

1 Ich gehe mit dem Rezept in die *Apotheke*.
2 Manchmal haben Medikamente _____.
3 Ich habe vom Arzt ein _____ bekommen.
4 Wenn man regelmäßig zu _____ geht, kann man Krankheiten verhindern.
5 Der Arzt hat bei mir den _____ gemessen: 120 zu 80.

> Vor • ung • en • gen • ~~the~~ • un • kun • wir • sor • Ne • Blut • ge • ~~ke~~ • ter • test • such • ~~po~~ • ben • At • ~~A~~ • druck

2 Berufe im Gesundheitswesen. Wo arbeiten die Personen? Was machen sie? Schreiben Sie zu 3 Berufen aus A Sätze.

> **A Wer?** die Hebamme • der Arzt / die Ärztin • die Krankenschwester / der Krankenpfleger • die Arzthelferin / der Arzthelfer
>
> **B Wo?** im Krankenhaus • in der Arztpraxis • bei den Patienten zu Hause
>
> **C Was?** einen Verband machen • Patienten pflegen • Patienten operieren • Patienten untersuchen • eine Spritze geben • impfen • Tabletten verschreiben • Blut abnehmen • bei der Geburt/Entbindung helfen

  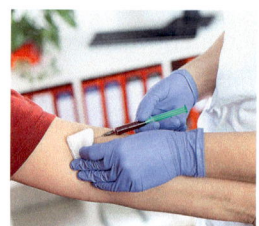 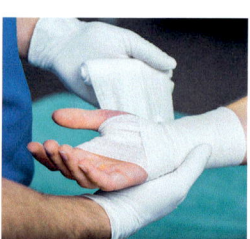

A Unfälle und ihre Folgen

3 🔊 2.19 Lesen Sie die Meldungen und hören Sie den Dialog. Zu welcher Meldung passt er?

1 ☐ Am Montagmittag hat ein Autofahrer auf der L128 bei Olstadt wegen zu hoher Geschwindigkeit die Kontrolle über sein Fahrzeug verloren und fuhr gegen einen Baum. Er wurde mit lebensgefährlichen Verletzungen ins Krankenhaus gebracht.

2 ☐ Am Freitagabend gab es einen Verkehrsunfall auf der Kronenbrücke. Ein Pkw fuhr einen Radfahrer an, der die Ampel nicht beachtet hatte. Der Radfahrer stürzte und wurde am Unfallort vom Notarzt behandelt. Der Pkw-Fahrer beging Fahrerflucht.

4 Ein Notruf. Was passt zusammen? Ordnen Sie zu. Kontrollieren Sie mit dem Hörtext.

1 Polizeinotruf.
2 Was ist passiert?
3 Wann ist der Unfall passiert?
4 Ist jemand verletzt?
5 Wo genau ist der Unfall auf der L128 passiert?
6 Wir kommen sofort. Bitte bleiben Sie am Unfallort.

A Ja, der Autofahrer kann seine Beine nicht bewegen. Schicken Sie schnell einen Krankenwagen.
B Hier spricht Sophie Basil. Auf der L128 gibt es einen Unfall.
C Zwei Kilometer vor dem Ortseingang von Olstadt.
D Ja, natürlich.
E Vor wenigen Minuten.
F Ein Auto ist gegen einen Baum gefahren.

5 Textkaraoke. Hören, lesen und sprechen Sie die 👄-Rolle im Dialog.

👂 …

👄 Guten Tag, mein Name ist … Ich möchte einen Unfall melden.

👂 …

👄 Auf der Kronenbrücke.

👂 …

👄 Ein Pkw hat einen Radfahrer angefahren.

👂 …

👄 Ja, der Radfahrer hat Schmerzen im Arm.

👂 …

👄 Ich weiß nicht, er ist einfach weitergefahren.

👂 …

👄 Das mache ich natürlich.

6 Ein Verkehrsunfall. Was ist passiert? Schreiben Sie eine kurze Zeitungsmeldung in Ihr Heft.

Ein Fahrradfahrer …

7 Wiederholung: Adjektivdeklination. Ergänzen Sie die Sätze.

1 Das Elterngeld ist für viele Familien eine wichtig………… Hilfe.
2 Herr Ehrlicher ist ein sympathisch………… Mann, der nie schlecht………… Laune hat.
3 In Bremen ging ein zweijährig………… Junge auf der Straße spazieren.
4 Selbstständig………… haben die Chance, unabhängiger zu sein als Angestellt………… .
5 Er liest die Weiterbildungsangebote mit groß………… Aufmerksamkeit.
6 Spanien ist für die Deutsch………… ein beliebt………… Reiseland.
7 Er hat für sein neu………… Geschäft noch keinen gut………… Standort gefunden.
8 Die Reisend………… wurden mit einem Bus zum Flughafen gebracht.

8 Redewendungen. Was passt zusammen? Ordnen Sie zu.

A B C D

1 ☐ Schlafende Hunde soll man nicht wecken.
2 ☐ Die Ratten verlassen das sinkende Schiff.
3 ☐ nach dem rettenden Strohhalm greifen
4 ☐ mit einem lachenden und einem weinenden Auge

9a Ergänzen Sie die Sätze mit dem Partizip I. Achten Sie auf die richtige Endung.

1 Auf der Autobahn _____ Gegenstände können gefährlich sein. (liegen)
2 Ein Geschäft braucht _____ Kunden, damit es Erfolg hat. (zahlen)
3 Er ist ein aufmerksam _____ Gesprächspartner. (zuhören)
4 Hannelore ist eine _____ Frau. (gut aussehen)
5 Die Maschine hat viele _____ Teile. (sich bewegen)
6 Bitte reinigen Sie die Flaschen mit _____ Wasser. (kochen)
7 Ich bin zu einer Hochzeit eingeladen und suche jetzt einen _____ Anzug. (passen)
8 Sie schaute mich mit einem _____ Gesicht an. (fragen)
9 Man unterbrach die _____ Fernsehsendung für eine wichtige Meldung. (laufen)
10 Sie schaut aus dem _____ Zug. (abfahren)
11 Am _____ Wochenende machen wir einen Ausflug. (kommen)

9b Relativsätze. Formen Sie die Sätze 2–5 aus 9a wie im Beispiel um.

1 *Gegenstände, die auf der Autobahn liegen, können gefährlich sein.*
2 _____
3 _____
4 _____
5 _____

10

10a Frau Löws Sportunfall. Lesen Sie und bringen Sie die Bilder in die richtige Reihenfolge.

Ich bin nach einem Sportunfall ins Krankenhaus gekommen und bin operiert worden.
Ich musste zehn Tage bleiben. Ich erinnere mich nicht gut an die ersten Tage, denn nach der Operation ging es mir schlecht und ich habe fast immer geschlafen. Als es mir besser ging, konnte ich auch aufstehen. Aber ich war noch sehr schwach und bin schon bald wieder ins Bett gegangen.
In meinem Zimmer waren noch zwei andere Betten und es war leider ziemlich unruhig, weil alle zwei Tage andere Patienten kamen. Außerdem waren oft viele Leute im Zimmer: Besucher, Pflegepersonal und Ärzte. Es hat mich auch gestört, dass die anderen Patienten oft bis spät in die Nacht ferngesehen haben.
Ich fand die Zeit im Krankenhaus sehr anstrengend und war sehr froh, als ich wieder nach Hause durfte. Erst da habe ich Ruhe gefunden und konnte wieder richtig gesund werden. Seitdem ich keinen Gips mehr habe, gehe ich zur Krankengymnastik. Jetzt fühle ich mich fast wieder so gut wie vor dem Unfall.

10b Lesen Sie den Text noch einmal. Was passt zusammen? Ordnen Sie zu.

1 Frau Löw war im Krankenhaus,
2 Sie war dort
3 Am Anfang hat sie
4 Als sie aufstehen konnte,
5 In dem Krankenzimmer
6 Frau Löw konnte im Krankenhaus

A länger als eine Woche.
B nicht richtig gesund werden.
C waren drei Betten.
D weil sie einen Unfall hatte.
E war sie zuerst sehr schwach.
F fast den ganzen Tag geschlafen.

11a Wortverbindungen. Was passt zusammen? Ordnen Sie zu.

1 einen Gips
2 mit Gehhilfen
3 nach einem Herzinfarkt
4 zur Beobachtung von Krankheitssymptomen
5 zur Entbindung

A im Krankenhaus bleiben
B laufen
C tragen
D in ein Geburtshaus gehen
E zur Physiotherapie gehen

11b Ergänzen Sie die passenden Ausdrücke aus 11a.

1 Die Ärzte sind sich noch nicht sicher, welche Krankheit der Patient hat. Deshalb muss er

....

2 Miriam möchte ihr Baby weder im Krankenhaus noch zu Hause bekommen. Sie

....

3 Sie hatte Schmerzen im rechten Bein und konnte nicht gut gehen. Sie ist vier Wochen

lang ....

12 Waren Sie schon einmal im Krankenhaus? Welche Erfahrungen haben Sie gemacht? Schreiben Sie fünf Sätze in Ihr Heft.

B Die Krankenkasse informiert

13 Fragen und Antworten beim Arzt. Ordnen Sie zu.

1 Sind Sie Raucher?
2 Müssen Sie regelmäßig Medikamente nehmen?
3 Sind Sie schon einmal operiert worden?
4 Hatten Sie andere schwere Krankheiten?
5 Haben Sie Allergien?

a Nein, ich nehme nur manchmal eine Tablette gegen Kopfschmerzen.
b Ja, ich habe eine Katzenhaarallergie.
c Damit habe ich vor drei Jahren aufgehört.
d Nein, ich war immer gesund.
e Ja, vor sechs Jahren hatte ich eine Blinddarmoperation.

14 Lesen Sie den Informationstext und kreuzen Sie an: Richtig oder falsch?

Private Krankenversicherungen und gesetzliche Krankenkassen

Leistungen im Vergleich

Wenn man mehr als 56 250 Euro pro Jahr verdient, kann man in eine private Krankenversicherung gehen. Das hat viele Vorteile: Man bekommt meistens schneller einen Termin beim Arzt, im Krankenhaus wird man auch vom Chefarzt behandelt, man bekommt ein Einzelzimmer oder andere Extrawünsche bezahlt. Die medizinische Behandlung ist aber die gleiche. Die gesetzlichen Krankenkassen zahlen alle medizinisch notwendigen Leistungen.

Preisvergleich

Die Beiträge zu den gesetzlichen Krankenkassen hängen von der Höhe des Einkommens ab. Familienmitglieder, die kein eigenes Einkommen haben, sind mitversichert. Die privaten Versicherungen funktionieren nach einem anderen System. Sie wollen Geld verdienen und achten auf ihr Risiko. Ein junger, gesunder Mensch zahlt deshalb einen sehr geringen monatlichen Beitrag, ein älterer oder chronisch kranker Mensch, muss einen hohen Beitrag bezahlen.

Wechsel von einer privaten Krankenversicherung in eine gesetzliche Krankenkasse

Ein Wechsel von einer privaten Versicherung in eine gesetzliche Krankenkasse ist sehr schwirig oder sogar unmöglich. Deshalb sollte man es sich als junger, gesunder, alleinstehender Mensch gut überlegen, ob man auch langfristig von den zunächst geringen Beiträgen der privaten Versicherung profitiert.

	R	F
1 Jeder kann in eine private Krankenversicherung gehen.	☐	☐
2 Junge, gut verdienende, gesunde Menschen haben in der privaten Krankenversicherung Vorteile.	☐	☐
3 Man kann jederzeit zwischen der privaten Versicherung und der gesetzlichen Krankenkasse wechseln.	☐	☐

C Tipps für ein langes Leben

15a Interview mit einem Gedächtnistrainer. Welches Bild passt? Hören Sie und kreuzen Sie an.

A ☐   B ☐   C ☐

15b Hören Sie noch einmal und kreuzen Sie an: Richtig oder falsch?

		R	F
1	Herr Dittrich mag seinen Beruf.	☐	☐
2	Er findet, dass viele Menschen auch im hohen Alter noch aktiv und fit sind.	☐	☐
3	Er bietet Kurse für Gehirnjogging an.	☐	☐
4	Er arbeitet auch mit Musik.	☐	☐
5	Er gibt die Kurse nebenberuflich.	☐	☐
6	Junge Leute nehmen auch an Kursen zum Gedächtnistraining teil.	☐	☐

16 Schreiben Sie Sätze mit *sowohl … als auch*.

1 Mein Augenarzt arbeitet in einer Praxis. Er arbeitet auch im Krankenhaus.

2 Ich spiele Fußball. Ich spiele Handball.

3 Sie arbeitet zu Hause. Sie arbeitet in der Firma.

4 Khalid und Rhea hören gerne Pop-Musik. Sie hören gerne Jazz.

17 Verbinden Sie die Sätze mit *nicht nur …, sondern auch*.

1 Es gibt gesetzliche Krankenkassen. Es gibt private Krankenversicherungen.

2 Frau Norden hat eine Hundeallergie. Sie hat eine Katzenallergie.

3 In Unterrode gibt es ein Theater. Es gibt ein Konzerthaus.

4 Die Senioren im Rehatreff halten sich körperlich fit. Sie halten sich geistig fit.

18 Schreiben Sie Sätze mit *entweder ... oder*.

1 Frau Jenyat geht zur Entbindung in ein Krankenhaus. Sie geht in ein Geburtshaus.

Frau Jenyat geht zur Entbindung entweder

2 Ich lese abends ein Buch. Ich lese abends Zeitung.

Abends

3 Er arbeitet am Wochenende im Garten. Er arbeitet am Wochenende im Haus.

Am Wochenende

4 Wir fahren nach Italien. Wir fahren in die Schweiz.

19 Schreiben Sie Sätze mit *weder ... noch*.

1 Er kauft kein Fleisch. Er kauft keine Milchprodukte.

2 Man sollte nicht rauchen. Man sollte nicht viel Alkohol trinken.

3 Er fährt nicht mit dem Fahrrad. Er geht nicht zu Fuß.

20 Und wie ist es bei Ihnen? Ergänzen Sie die Sätze.

1 Ich mag weder .... noch ....

2 Entweder fahren wir .... oder ....

3 Ich kann sowohl .... als auch ....

4 Ich will nicht nur .... sondern auch ....

21 Schreibtraining. Einen Unfall beschreiben. Verbinden Sie die Sätze und schreiben Sie den Text in Ihr Heft.

Am 3. 12. 2016 bin ich auf dem Weg zur Arbeit mit meinem Fahrrad gestürzt. Ich bin die Amselgasse in Richtung Innenstadt gefahren. (als)

An der Kreuzung Amselgasse Detmolder Straße wollte ich bremsen. Ich hatte das Glatteis nicht gesehen und ich bin gestürzt. (aber)

Ein Passant hat einen Krankenwagen gerufen. Der Krankenwagen hat mich ins Bürgerhospital gebracht. (der) (Relativsatz)

Ich hatte mir den Arm gebrochen und ich hatte eine Gehirnerschütterung. Das hat der Arzt im Krankhaus gesagt. (dass)

Deutsch Plus

22a Lesen Sie den Text und kreuzen Sie an: Was ist richtig?

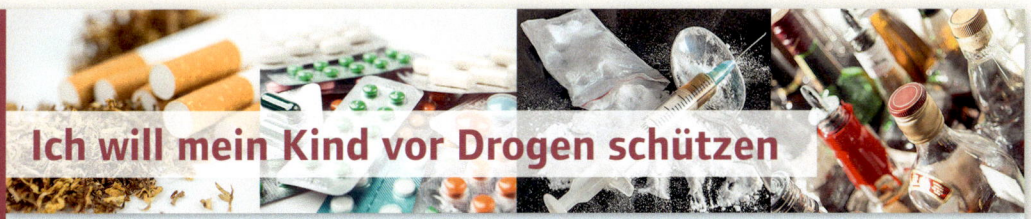

Ich will mein Kind vor Drogen schützen

Viele Eltern haben Angst, dass ihre Kinder drogensüchtig werden. Aber sie können schon früh etwas tun, um ihre Kinder zu schützen. Kinder brauchen Vertrauen und sie müssen stark sein, um Probleme und Konflikte zu verarbeiten, die es im Leben immer gibt. Die Bereitschaft zum Drogenkonsum und damit die Gefahr einer Drogensucht können entstehen, wenn Kinder und Jugendliche es nicht gelernt haben, Probleme anders zu lösen. Schulprobleme z. B. kann ein Kind leichter lösen, wenn die Eltern Geduld zeigen und sich Zeit zum gemeinsamen Lernen oder für die Hausaufgaben nehmen. Wenn die Eltern Streit haben, sollte man die Kinder nicht zu „Schiedsrichtern" machen und ihnen nicht das Gefühl geben, dass sie an der Situation schuld sind.

Aber nicht immer sind die Eltern allein verantwortlich. Manchmal finden Kinder auch einfach „falsche" Freunde oder probieren Drogen aus, weil es im Freundeskreis zu einem Gruppenzwang kommt.

Wir denken bei Drogen oft nur an so genannte weiche Drogen wie Marihuana oder Haschisch und harte Drogen wie Heroin oder Kokain. Aber es gibt noch weitere Drogen. Sowohl Alkohol als auch Zigaretten sind ganz „alltägliche", legale Drogen ebenso wie viele Medikamente. Eltern sind die Vorbilder für ihre Kinder und deshalb sollten sie genau überlegen: Gehört zu jeder Party Alkohol? Wie schnell nimmt man eine Tablette, wenn man ein wenig Kopfschmerzen hat? Je älter die Kinder werden, desto wichtiger werden die Einflüsse von außen. Die Freunde und die Medien spielen eine immer größere Rolle, nicht nur die Lehrer in der Schule, sondern auch die Eltern verlieren an Bedeutung. Die Kinder werden selbstständiger und das gefällt den Eltern oft nicht. Es kann auch passieren, dass die Kinder – z. B. angeregt durch die Werbung – es spannend finden, die Wirkung von Alkohol oder Zigaretten auszuprobieren. So kann es Streit mit den Eltern geben. Wichtig ist, dass in solchen Situationen auch die Kinder ihre Meinung sagen dürfen. Dann verlieren sie das Vertrauen nicht und sie lernen, Konflikte und Probleme gemeinsam mit den Eltern zu lösen, anstatt bei Suchtmitteln Hilfe zu suchen.

Manchmal nützt aber alle Vorsorge nichts. Dann ist es wichtig, dass man sich nicht schämt und Hilfe sucht. Bei vielen Suchtberatungsstellen bekommt man anonym Hilfe, aber auch im Internet findet man viele Tipps zur Sucht- und Gewaltprävention.

1 Drogenkonsum entsteht oft dann, wenn
 A ☐ die Eltern nicht auf ihre Kinder aufpassen.
 B ☐ die Kinder nicht wissen, wie man Probleme löst.
 C ☐ es keine andere Lösung für Probleme gibt.

2 Eltern sollten
 A ☐ den Kindern erklären, wann man legale Drogen nehmen darf.
 B ☐ über ihren eigenen Drogenkonsum nachdenken.
 C ☐ nur bei Partys Alkohol trinken.

3 Bei Drogenproblemen
 A ☐ nützt Vorsorge nie etwas.
 B ☐ sollte man Hilfe suchen.
 C ☐ findet man nur im Internet Hilfe.

4 Bei Schulproblemen sollten
 A ☐ die Eltern geduldig sein.
 B ☐ die Kinder die Probleme alleine lösen.
 C ☐ die Kinder mehr Hausaufgaben machen.

22b Der Text macht einige Vorschläge, wie man Kinder schützen kann. Welche Möglichkeiten gibt es noch? Sammeln Sie im Heft.

10 Wichtige Wörter

Gesundheitswesen, das, Sg.

Notaufnahme, die, -n

schwanger

Hebamme, die, -n

Schwangerschaftsgymnastik, die, Sg.

Rückengymnastik, die, Sg.

Symptom, das, -e

A Unfälle und ihre Folgen

Fahrgast, der, "-e

an∤fahren

stürzen

Verletzung, die, -en

lebensgefährlich

beachten

Fahrerflucht begehen

Polizei, die, Sg.

Zeuge, der

übersehen

Schmerzen, die, Pl.

Röntgen, das, Sg.

Gips, der, Sg.

Operationssaal, der, -säle

Herzinfarkt, der, -e

Entbindung, die, -en

entbinden

Physiotherapie, die, -n

Beobachtung, die, -en

Untersuchung, die, -en

behandeln

an∤stecken

B Die Krankenkasse informiert

Vorsorge, die

Check-up, der, -s

körperlich

Vorgespräch, das, -e

Beratungsgespräch, das, -e

Behandlung, die, -en

Erkrankung, die, -en

Impfung, die

hilfreich

notwendig

Kosten übernehmen

Zigarette, die, -n

rauchen

Puls, der, Sg.

die Lunge ab∤hören

Herz, das, -en

den Bauch ab∤tasten

Virus, das, Viren

Grippeimpfung, die, -en

verhindern

übrigens

zum Schluss

erledigen

psychisch

Psychotherapie, die, -n

Psychotherapeut/in, der/die, -en/nen

132 einhundertzweiunddreißig

C Tipps für ein langes Leben

medizinisch ....

Fortschritt, der, -e ....

die Frage stellen ....

Altern, das, Sg ....

Vorbeugung, die, -en ....

Bluthochdruck, der, Sg. ....

Diabetes, die, Sg. ....

Depression, die, -en ....

geistig ....

künstlerisch ....

betätigen (sich) ....

Schlaf, der, Sg ....

auf jeden/keinen Fall ....

vor}nehmen (sich) ....

weder … noch ....

sowohl … als auch ....

nicht nur … sondern auch ....

entweder … oder ....

1a Wortverbindungen. Ordnen Sie zu.

1 Fahrerflucht
2 eine Krankheit
3 eine Frage
4 die Kosten
5 die Lunge
6 den Bauch
7 eine Aufgabe

a abtasten
B übernehmen
C behandeln
D begehen
E stellen
F abhören
G erledigen

1b Schreiben Sie je einen Satz mit drei Ausdrücken aus 1a in Ihr Heft.

2 Welches Wort passt? Ergänzen Sie die Verben.

1 Die Behandlung vom Arzt ist erfolgreich und der Patient ist wieder gesund. Der Arzt .... die Krankheit.

2 Wenn ein Mensch krank ist und Kontakt mit einem anderen Menschen hat und ihm die Krankheit weitergibt, sagt man, dass der Mensch einen anderen Menschen ....

3 Wenn man gegen eine Krankheit geimpft ist, bekommt man die Krankheit nicht. Die Impfung .... die Krankheit.

3 Wörter hören und nachsprechen. Hören Sie zu und sprechen Sie nach.

1 das Symptom – psychisch – die Psychotherapie – die Physiotherapie
2 die Beobachtung – die Hebamme – der Herzinfarkt – die Notaufnahme
3 medizinisch – notwendig – lebensgefährlich – geistig – beweglich

10 Wichtige Wörter

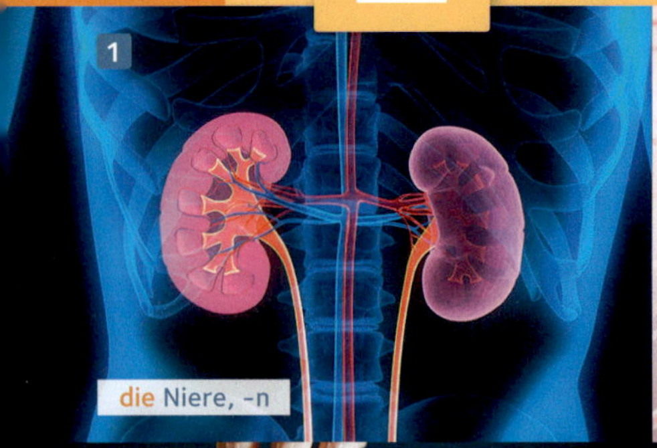

1. die Niere, -n
2. die Nervenzelle, -n
3. der Darm, ¨-e
4. das ....gelenk
5. das ....gelenk
6. ....
7. der Nacken, -
8. das Gehirn, -e
9. das Blutgefäß, -e
10. das Blutkörperchen, -
11. ....
12. das Skelett, -e

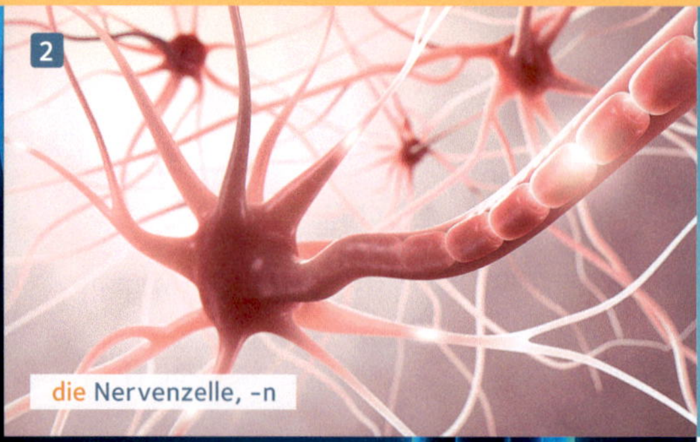

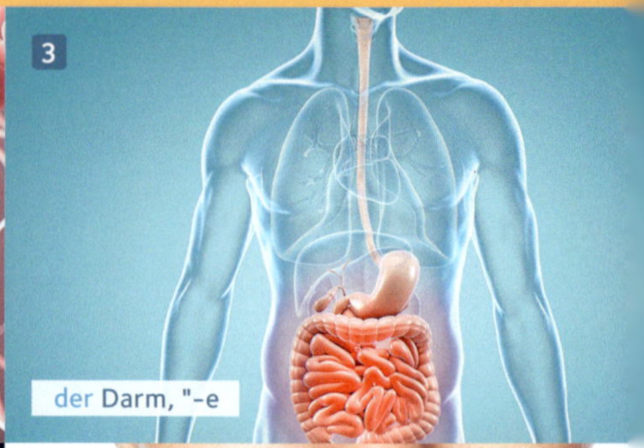

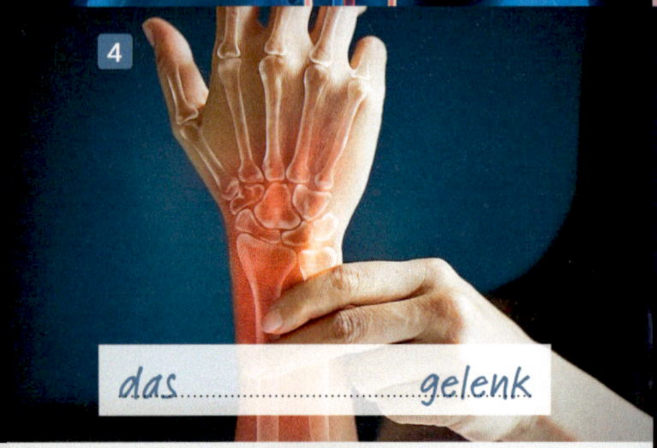

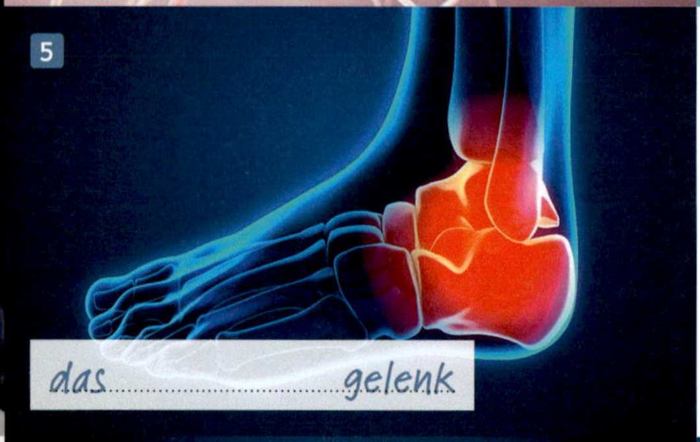

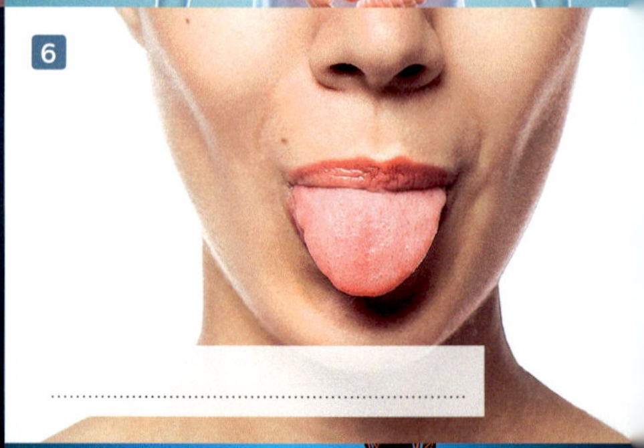

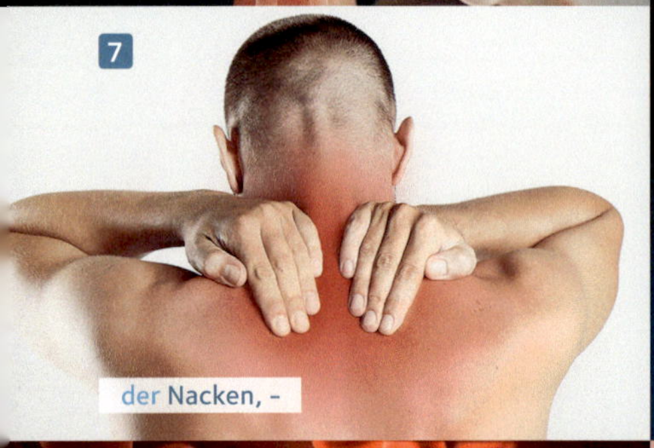

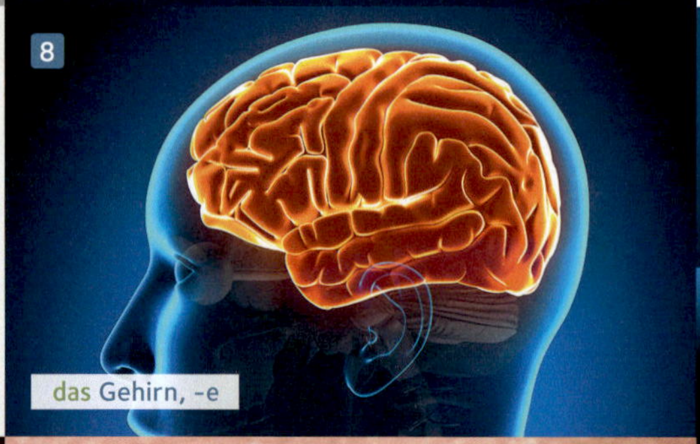

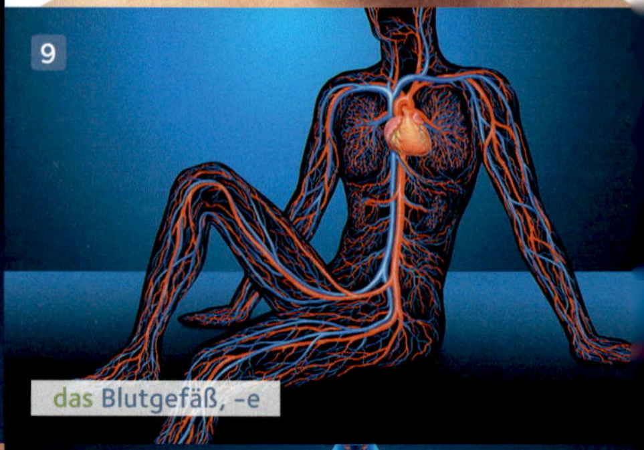

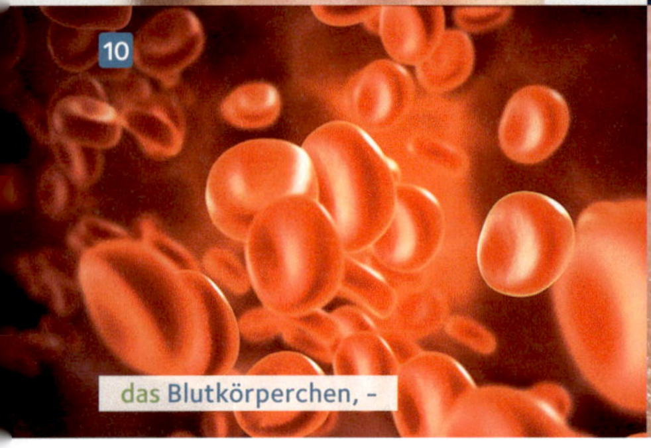

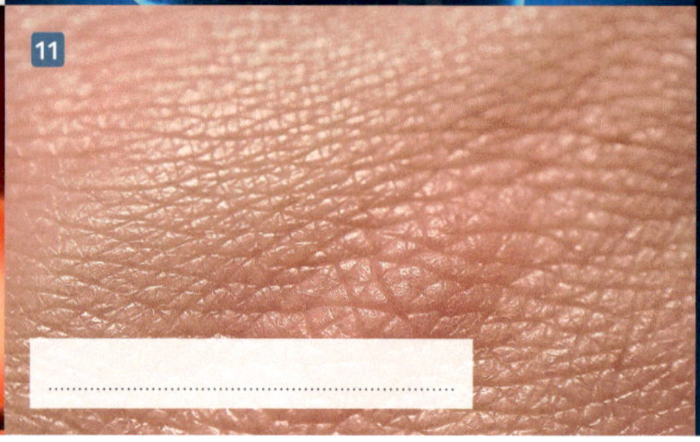

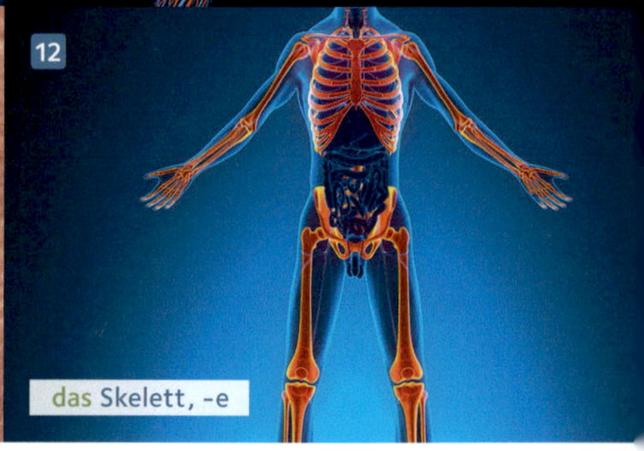

4 Ergänzen Sie die Wörter. Schreiben Sie.

5 Hören Sie und sprechen Sie nach.
2.23

6 Wo spürt man die Krankheit im Körper? Manchmal gibt es mehrere Stellen. Arbeiten Sie mit dem Wörterbuch und sprechen Sie in der Gruppe.

> die Verspannung • der Herzinfarkt • der Bandscheibenvorfall •
> die Osteoporose • die Thrombose • die Nierensteine •
> die Entzündung • die psychische Krankheit • die Depression •
> die Magersucht • Karies • der Krebs

Die Magersucht schwächt den ganzen Körper.

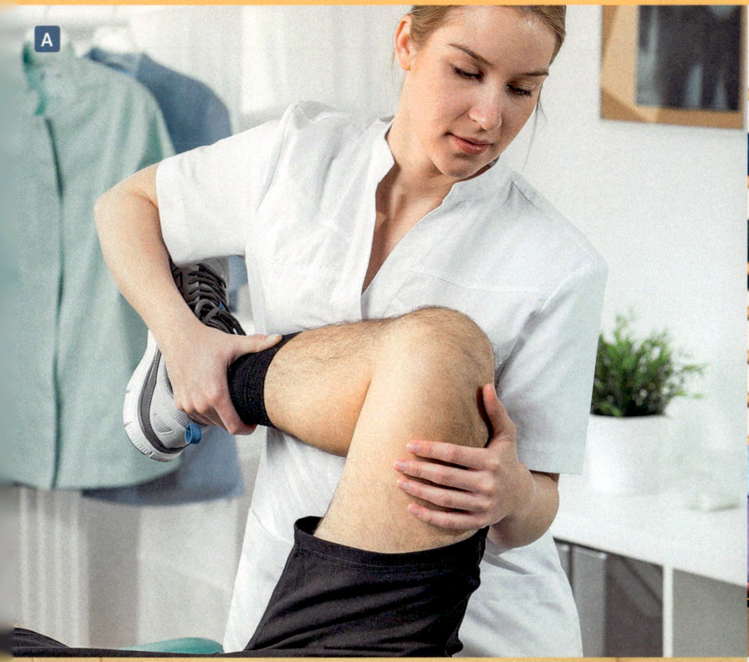

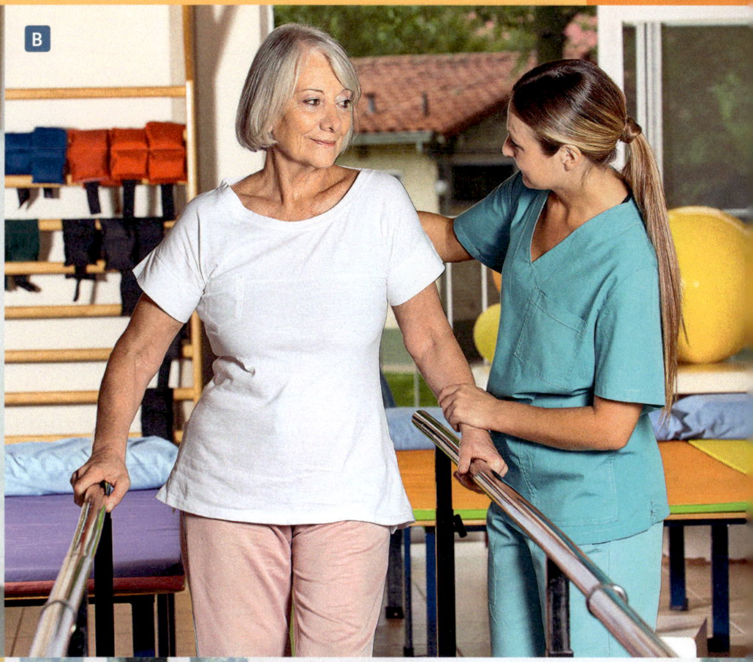

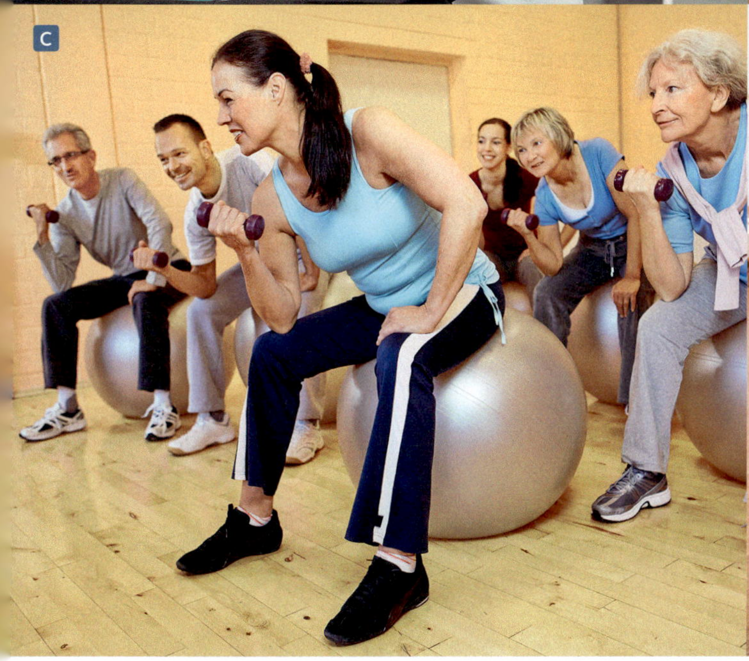

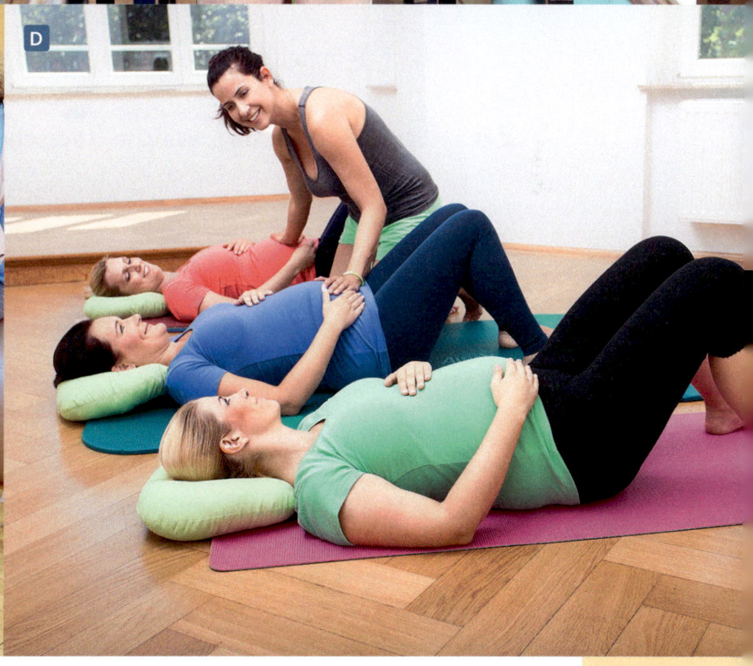

7a Frau Ghide erzählt. Hören Sie. Welches Foto passt?

7b Hören Sie noch einmal und korrigieren Sie die Sätze in Ihrem Heft.

1. Die Teilnehmer sind alle gleich alt.
2. Die Teilnehmer sind Profisportler.
3. Frau Ghide hat Rückenschmerzen bei der Gymnastik.
4. Sie hat schon in ihrer Heimat Kurse in Rückengymnastik gemacht.

8 Wählen Sie ein Foto aus A–D. Beschreiben Sie das Foto und erzählen Sie von Ihren Erfahrungen.

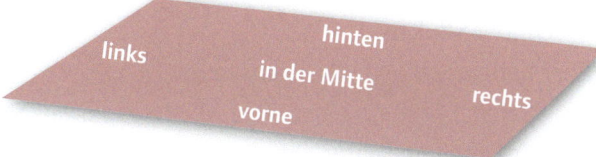

11 Politik und Gesellschaft

1 Ergänzen Sie die Wörter.

1 Die fr_ _w_ll_g_ F_ _erw_hr gibt es in kleineren Gemeinden. Durch die gemeinsamen _b_ng_n bekommen die Mitglieder ein gutes G_m_ _nsch_ftsg_f_ _l.

2 Der _ _sl_nd_rb_ _r_t berät zum Beispiel die Stadtverwaltung.

3 Schulen haben einen _lt_rnb_ _r_t. Dort können die Eltern ihre Interessen vertreten.

4 Fl_chtl_ng_ brauchen manchmal Hilfe bei B_h_rd_ng_ng_n.

5 Viele Menschen sind in Sp_rtv_r_ _n_n aktiv und arbeiten zum Beispiel ehrenamtlich als Tr_ _ n_r oder Tr_ _ n_rinnen für Jugendliche.

6 T_f_ln helfen Menschen mit wenig Geld und geben ihnen Lebensmittel.

2a Lesen Sie den Text. Welche Überschrift passt? Kreuzen Sie an.

☐ Das Leben im Stadtteil Hohenhorst
☐ Ein Leben für den Bürgerverein

Helmut Lehmann, 74

Ich finde es wichtig, dass man sich gesellschaftlich engagiert und am öffentlichen Leben teilnimmt. Ich bin in Hohenhorst geboren und habe mein ganzes Leben hier verbracht. Deshalb war ich lange Jahre im Bürgerverein meines Stadtteils aktiv und war auch 32 Jahre Vorsitzender. Der Verein hat 200 Mitglieder und wir beschäftigen uns mit wichtigen Themen hier im Stadtteil, zum Beispiel mit den Bus- und Straßenbahnverbindungen. Oft haben wir versucht, Geld von der Stadt für Stadtteilprojekte wie zum Beispiel einen Sportplatz zu bekommen. Manchmal hatten wir Erfolg, manchmal keinen. Der Verein hat auch eine eigene Zeitschrift, die viermal im Jahr erscheint und die Bewohner über wichtige Dinge wie zum Beispiel neue Geschäfte, öffentliche Angebote oder die Kontakte zur Stadtverwaltung informiert. Außerdem organisieren wir jedes Jahr im Sommer ein Stadtteilfest. Ich bin jetzt 74 und habe schon vor 10 Jahren den Vorsitz des Bürgervereins abgegeben, weil ich den Jüngeren Platz machen wollte. Aber bei der Zeitung arbeite ich immer noch mit. Mir sind die Kontakte hier im Stadtteil sehr wichtig. Viele Leute kenne ich schon seit 50 oder mehr Jahren.

2b Lesen Sie noch einmal und beantworten Sie die Fragen in Ihrem Heft.

1 Warum engagiert sich Herr Lehmann im Stadtteilverein?
2 Was macht der Stadtteilverein?
3 Worüber berichtet die Stadtteilzeitschrift?
4 Warum ist Herr Lehmann nicht mehr Vorsitzender des Stadtteilvereins?
5 Wo ist Herr Lehmann weiter aktiv?

A Das politische System Deutschlands

3 Ergänzen Sie die Sätze.

> Amtssitz • Abgeordnete • Partei • Reichstag •
> Grundgesetz • Bundesverfassungsgericht

1 Die Mitglieder der Parlamente nennt man ....

2 Die deutsche Verfassung heißt ....

3 Die SPD ist eine deutsche ....

4 Der .... der Bundeskanzlerin ist das Bundeskanzleramt in Berlin.

5 Das .... ist in Karlruhe.

6 Die Sitzungen des deutschen Bundestages finden im .... statt.

4 Was passt zusammen? Verbinden Sie die Sätze.

1 Das Bundesverfassungsgericht
2 Die Bundeskanzlerin
3 Der Bundestag
4 Der Bundesrat
5 Die Bundesversammlung
6 Der Bundespräsident

A vertritt die Interessen der Länder.
B ernennt die Bundesminister/innen.
C wird alle vier Jahre gewählt.
D prüft, ob Gesetze mit dem Grundgesetz übereinstimmen.
E ist die Chefin der Regierung.
F wählt den Bundespräsidenten.

5 Wie funktioniert das politische System in Ihrem Land? Schreiben Sie Sätze in Ihr Heft.

6a Welche Themen finden Herr Stein und Frau Sahiti wichtig? Hören Sie zu und kreuzen Sie an.

☐ Bildung ☐ Umwelt ☐ Gesundheit
☐ Integration von Migranten ☐ soziale Sicherheit ☐ internationale Politik
☐ Familie ☐ Finanzen ☐ Kriminalität

6b Hören Sie noch einmal und kreuzen Sie an: Richtig oder falsch?

	R	F
1 Herr Stein fühlt sich nachts in öffentlichen Verkehrsmitteln sicher.	☐	☐
2 Er glaubt, dass viele Leute mit ihrer Situation nicht zufrieden sind.	☐	☐
3 Er meint, dass man mehr für Menschen mit wenig Einkommen tun sollte.	☐	☐
4 Frau Sahiti sagt, dass genug für den Umweltschutz getan wird.	☐	☐
5 Sie findet, dass alle jungen Leute studieren sollten.	☐	☐
6 Sie ist mit der Kinderbetreuung in Deutschland unzufrieden.	☐	☐

7 Was sagen die Leute? Schreiben Sie Sätze in der dritten Person in Ihr Heft.

1 Ich interessiere mich nicht für Politik. Ich finde viele Politiker unehrlich. Die Abgeordneten der Parteien vernachlässigen die Sorgen der Bürger und interessieren sich nur für ihre Karriere.

Anton Mack

2 Ich finde Politik sehr interessant. Ich sehe immer die Nachrichten, lese viel Zeitung, informiere mich im Internet und gehe immer zu den Wahlen. Viele Menschen beschäftigen sich nicht mit der Politik. Das macht mir Sorgen.

Alicia Haller

1 Herr Mack sagt, dass er sich nicht für Politik interessiert. Seiner Meinung nach ...

8 Interessieren Sie sich für Politik und wenn ja, für welche Themen? Begründen Sie.

B Kommunale Aufgaben

9 Hören Sie die Diskussion. Was passt zusammen? Verbinden Sie die Satzteile.

1 Herr Rolland findet,
2 Frau Pix wünscht sich
3 Frau Kressin ist dagegen,
4 Herr Palmer findet

A dass Autos in der Innenstadt parken dürfen.
B den öffentlichen Nahverkehr zu teuer.
C dass die Stadtverwaltung zu wenig an die Radfahrer denkt.
D mehr Parkplätze in der Innenstadt.

10 Wiederholung: Konjunktiv II. Was wäre wenn? Schreiben Sie Sätze.

1 sein – so teuer – das Schwimmbad – nicht / öfter ich – besuchen – es

   Wenn das Schwimmbad nicht so teuer wäre, könnte ich es öfter besuchen.

2 nicht sparen – die Stadt – müssen / die Bibliothek – sein – geöffnet – auch samstags

3 öfter fahren – die Busse / benutzen – mehr Menschen – der öffentliche Nahverkehr

4 pflegen – die Grünlagen – man – mehr / spazieren gehen – dort – ich – gerne

5 besser funktionieren – die Müllentsorgung / sein – die Bürger – zufriedener

11 Ordnen Sie zu und ergänzen Sie die Sätze.

> Er verdient gut. • Viele Leute wollen ihn sehen. • Ich werde selten krank.

Je gesünder ich lebe, desto ....

Je mehr er arbeitet, desto ....

Je spannender ein Film ist, desto ....

> Man fährt mit dem Auto schnell. • Die Firma macht viel Werbung. • Sie kennen sich lange.

................................, desto größer ist ihr Erfolg.

................................, desto gefährlicher ist es.

................................, desto besser verstehen sie sich.

12 Verbinden Sie die Sätze mit *je … desto*.

1 kommen – die Bundestagswahl – nah / die Politiker – werden – nervös

2 Zeitung – lesen – ich – oft / sich gut informiert fühlen – ich

3 in einem Restaurant – die Bedienung – sein – freundlich / viele – es – besuchen – Gäste

13 Ergänzen Sie die Sätze.

1 Je .... wir über Politik ...., desto .... ich das Thema. (lang, sprechen / interessant, finden)

2 Je .... ich Chinesisch ...., desto .... es mir. (häufig, essen / gut, schmecken)

3 Je .... du ...., desto .... deine Kunden. (zuverlässig, arbeiten / zufrieden, sein)

11

14a Wiederholung: Nebensätze mit *damit*. Ergänzen Sie die Sätze.

1 kommen – die Leute – schneller – ins Zentrum

Die Stadt baut eine neue Straßenbahnlinie, _____

2 sich wohlfühlen – die Bürger

Eine Stadt braucht Grünanlagen, _____

3 sein – der Jahresbeitrag – nicht so hoch

Die Stadt finanziert die Bibliothek, _____

14b Wiederholung: Nebensätze mit *weil*. Ergänzen Sie die Sätze.

1 brauchen – die Jugendlichen – einen Treffpunkt

Das Jugendzentrum ist wichtig, _____

2 laufen – viele Kinder – über die Straße – dort

Wir fordern eine Geschwindigkeitsbeschränkung vor der Schule, _____

3 die Leute – mehr öffentliche Verkehrsmittel – benutzen

Es gibt mehr Parkplätze, _____

14c Wiederholung: Nebensätze mit *um … zu*. Ergänzen Sie die Sätze.

1 Sie will für Touristen attraktiver werden.
Die Stadt hat das Konzerthaus gebaut, _____

2 Sie wollen bequem parken.
Die Autofahrer fordern mehr Parkplätze im Zentrum, _____

3 Sie soll den Bundespräsidenten wählen.
Die Bundesversammlung gibt es alle fünf Jahre, _____

C Kommunalpolitik

15 Ergänzen Sie den Text.

> Bürger • Gemeinderäte • Bürgermeister • Parlament •
> Kommunalwahl • Bundestagswahl

> Bei der _____ wählen die Deutschen ab 18 Jahren das _____ in Berlin. Bei einer _____ werden Stadt- oder _____ gewählt. Die _____ werden meistens direkt gewählt. Bei diesen Wahlen sind auch EU-_____ wahlberechtigt.

140 einhundertvierzig

16 Ergänzen Sie den Superlativ.

1. Das „Tassilo" ist das _____ Restaurant in meiner Heimatstadt. (teuer)
2. Das _____ Gebäude in Frankfurt ist mit 259 Metern der Commerzbank Tower. (hoch)
3. Im Club „Kagan" gibt es die _____ Musik und die _____ Leute. (gut, nett)
4. Im Stadtrat von Stuttgart sind die Grünen die _____ Partei. (stark)
5. Die _____ Menschen wohnen in Nordrhein-Westfalen. (viel)
6. Die _____ Menschen wohnen in Bremen. (wenig)
7. Das _____ Land in Südamerika ist Suriname. (klein)
8. Der _____ Park in meiner Stadt ist der Bürgerpark. (schön)

17 Superlativ oder *am* + Superlativ? Was passt? Markieren Sie.

1. Viele sagen, dass die Grammatik der langweiligste / am langweiligste Teil ist, wenn man eine Sprache lernt. Ich finde sie interessantesten / am interessantesten.
2. Fußball ist der beliebteste / am beliebtesten Sport in Deutschland. Ich glaube, in Island ist Handball beliebteste / am beliebtesten.
3. Die günstigsten / am günstigsten Wohnungen findet man in den Vororten. Dort sind die Wohnungen auch ruhigsten / am ruhigsten.
4. Mein schönster / am schönsten Urlaub war in Spanien. Bester / Am besten fand ich dort den sauberen Sandstrand in der Nähe vom Hotel.

18 Die Bürgermeisterwahl. Ergänzen Sie den Text.

> finanzen • kontrollen • kampf • heime • anlagen • angebote • beschränkung

1. Ich finde, es gibt nicht genug Verkehrs_____.
2. Nur wenn die Gemeinde_____ gut sind, ist genug Geld für die kommunalen Aufgaben da.
3. Autobahnen sollten eine allgemeine Geschwindigkeits_____ haben.
4. Es ist ärgerlich, dass es in der Stadt so wenig Alten_____ gibt.
5. Nach einem langen Wahl_____ hat die Opposition die Wahlen gewonnen.
6. Warum hat die Stadt nicht genug Geld, um die Sport_____ zu renovieren?
7. In den letzten Monaten sind viele Migranten gekommen. Deshalb sind Integrations_____ sehr wichtig.

19 Eine Bürgermeisterkandidatin stellt sich vor. Was passt? Kreuzen Sie an.

Liebe Bürger und Bürgerinnen dieser Stadt,

ich denke, dass ich die richtige Person für das Amt der Bürgermeisterin (1). Ich (2) eine ganz neue Politik machen. Vor allem Kinder und (3) sind mir dabei wichtig. Wir (4) die Schulen renovieren, wir brauchen Kitas und in unserer Stadt (5) ein Jugendzentrum. Mit einem Jugendzentrum (6) die jungen Leute endlich einen Ort, (7) sie sich abends treffen könnten. Wir (8) aber auch die älteren Menschen nicht vergessen. Deshalb plane ich ein neues Altenheim (9). Sie können (10) vertrauen: Egal, ob Sie links oder rechts, konservativ oder liberal sind: Ich (11) eine Bürgermeisterin (12) alle Bürger.

1 A ☐ bin
   B ☐ ist
   C ☐ wären

2 A ☐ möchte
   B ☐ mochte
   C ☐ mögen

3 A ☐ Jugendliche
   B ☐ Jugendlicher
   C ☐ Jugendlichen

4 A ☐ müssen
   B ☐ mussten
   C ☐ muss

5 A ☐ fehlen
   B ☐ fehle
   C ☐ fehlt

6 A ☐ hat
   B ☐ habe
   C ☐ hätten

7 A ☐ an die
   B ☐ an der
   C ☐ an dem

8 A ☐ durfte
   B ☐ dürfen
   C ☐ darf

9 A ☐ zu bauen
   B ☐ bauen
   C ☐ gebaut

10 A ☐ mir
   B ☐ mich
   C ☐ ich

11 A ☐ wäre
   B ☐ war
   C ☐ wurde

12 A ☐ durch
   B ☐ gegen
   C ☐ für

20 Fragen an die Bürgermeisterkandidatin. Schreiben Sie indirekte Fragen wie im Beispiel.

1 Welche Schule wird zuerst renoviert?
  Können Sie sagen, …
2 Ist die Kultur für Sie ein wichtiges Thema?
  Mich interessiert, …
3 Wie wollen Sie die Verkehrsprobleme lösen?
  Was wollen Sie tun, …
4 Woher soll das Geld für mehr Kindergärten kommen?
  Wissen Sie schon, …

1 Können Sie sagen, welche Schule zuerst renoviert wird?

21 Schreibtraining. Umlaute. Ergänzen Sie die Punkte für die Umlaute (ä, ö und ü).

Fehler +++ Fehler

1 Die Konigin von Danemark reprasentiert ihr Land.
2 Bald wird bei uns ein neuer Prasident gewahlt. Die Wahlen sind am 3.5.
3 Die Stadt Koln hat eine neue Burgermeisterin.
4 Die Gemeinden kummern sich um Mullentsorgung und Grunanlagen.
5 Zur Eroffnung des Kulturhauses kamen 200 Gaste.

Deutsch Plus

Europäische Zentralbank, *Frankfurt am Main*

Europäisches Parlament, *Brüssel*

Flagge der EU

Europäisches Parlament mit den Flaggen der Mitgliedsstaaten, *Straßburg*

Plenarsaal im europäischen Parlament, *Brüssel*

22a Zwei Meinungen über die Europäische Union. Welche ist positiv? Kreuzen Sie an.

☐ August Möller: Ich finde es gut, dass es die EU gibt. Die einzelnen Länder in Europa sind zu klein, um in der Weltpolitik allein eine Rolle zu spielen. Die USA, Russland, Brasilien und China sind viel größer als jeder Staat, der EU-Mitglied ist. Nur wenn die europäischen Staaten zusammenarbeiten, können sie erfolgreich sein und nur dann hört man ihre Stimme in der Welt. Es gibt manchmal Probleme in der Zusammenarbeit, aber ich glaube, dass man sie lösen kann, weil es eine gemeinsame europäische Kultur gibt. Mir gefällt auch, dass man als EU-Bürger in jedem Land der EU ohne Probleme leben und arbeiten kann.

☐ Antonia Krüger: Die politische Zusammenarbeit in Europa sollte nicht zu stark sein. Die Staaten sollten unabhängig voneinander bleiben. Die Wirtschaft der europäischen Länder, die Sprachen und auch die Menschen sind sehr verschieden. Es gibt ärmere und reichere Länder und daher auch verschiedene Interessen und Lebenssituationen. Ich finde es zum Beispiel nicht gut, dass Deutschland 2002 den Euro bekommen hat, denn wenn jetzt ein anderes Land mit dem Euro finanzielle Probleme hat, ist das auch für Deutschland ein Problem.

22b Lesen Sie die Texte noch einmal und beantworten Sie die Fragen.

1 Warum haben die Staaten in Europa nach Meinung von Herrn Möller nur zusammen eine Chance?
2 Was sagt er über die europäische Kultur?
3 Warum ist Frau Krüger gegen eine stärkere Zusammenarbeit in Europa?
4 Was sagt sie über den Euro?

22c Welcher Meinung stimmen Sie eher zu? Begründen Sie.

11 Wichtige Wörter

Ausländerbeirat, der
Elternbeirat, der, "-e
Flüchtling, der, -e
übersetzen

A Das politische System Deutschlands

Hauptstadt, die, "-e
demokratisch
Bundestag, der, Sg.
Parlament, das, -e
bestehen (aus)
Wahl, die, -en
Partei, die, -en
Opposition, die, Sg.
Regierung, die, -en
Abgeordnete, der/die, -n/-n
Bundeskanzler/in, der/die, -/-nen
regieren
bestimmen
Bundespräsident/in, der/die, -en/-nen
repräsentieren
ernennen
Minister/in, der/die, -/-nen
Bundesrat, der, Sg.
Verfassung, die, -en
Gesetz, das, -e
ein{halten
zurzeit
König/in, der/die, -e/-nen
Frieden, der, Sg.

Integration, die, Sg.
Arbeitslosigkeit, die, Sg.
Kriminalität, die, Sg.
vernachlässigen
beschäftigen (sich) (mit)

B Kommunale Aufgaben

kommunal
Erwachsenenbildung, die, Sg.
Kultur, die, (hier: Sg.)
Geschwindigkeitsbeschränkung, die, -en
Jugendzentrum, das, –zentren
Eröffnung, die, -en
Kritik, die, -en
Gewinn, der, -e
Änderung, die, -en
ändern
Industriegebiet, das, -e
bisher
Verkehrsbetrieb, der, -e
Eintrittskarte, die, -n
profitieren
Kulturangebot, das, -e
Veranstaltungsort, der, -e
verbessern
Initiative, die, -n
je … desto
Fahrpreis, der, -e
senken
Freizeitangebot, das, -e

C Kommunalpolitik

Kommune, die, -en

Kommunalwahl, die, -en

Gemeinderat/-rätin, der/die, "-e/-nen

Stadtrat/-rätin, der/die, "-e/-nen

Wahlkampf, der, "-e

wahlberechtigt

kandidieren

Stimme, die, -n

Stimmverluste, Pl.

Gewinner/in, der/die, -/-nen

fortschrittlich

liberal

christlich

konservativ

sozialdemokratisch

sozialistisch

parteilos

Altenheim, das, -e

ein}stellen

Integrationsangebot, das, -e

1a Ergänzen Sie zu 2–5 das passende Adjektiv und zu 6–10 das passende Verb.

1 die Politik – *politisch*
2 ohne Partei –
3 der Fortschritt –
4 die Gesellschaft –
5 die Arbeitslosigkeit –

6 die Kritik –
7 die Wahl –
8 der Sitz –
9 die Gewinnerin –
10 die Regierung –

1b Ergänzen Sie passende Wörter aus 1a.

1 Bei der letzten .... habe ich meine Stimme einem parteilosen Kandidaten gegeben.
2 Es suchen wieder mehr Menschen Arbeit. Die .... ist gestiegen.
3 Ich finde, dass soziale Sicherheit ein wichtiges .... Thema ist.
4 Der Kandidat, der die meisten Stimmen bekommt, ... die Wahl.
5 Im Bundestag .... mehr als 600 Abgeordnete.

2 Wörter hören und nachsprechen. Hören Sie zu und sprechen Sie nach.

1 der Bundestag – der Bundesrat – das Bundesverfassungsgericht – die Bundesregierung
2 die Regierung – die Opposition – die Partei – die Abgeordneten
3 die Präsidentin – der Bundeskanzler – der Minister

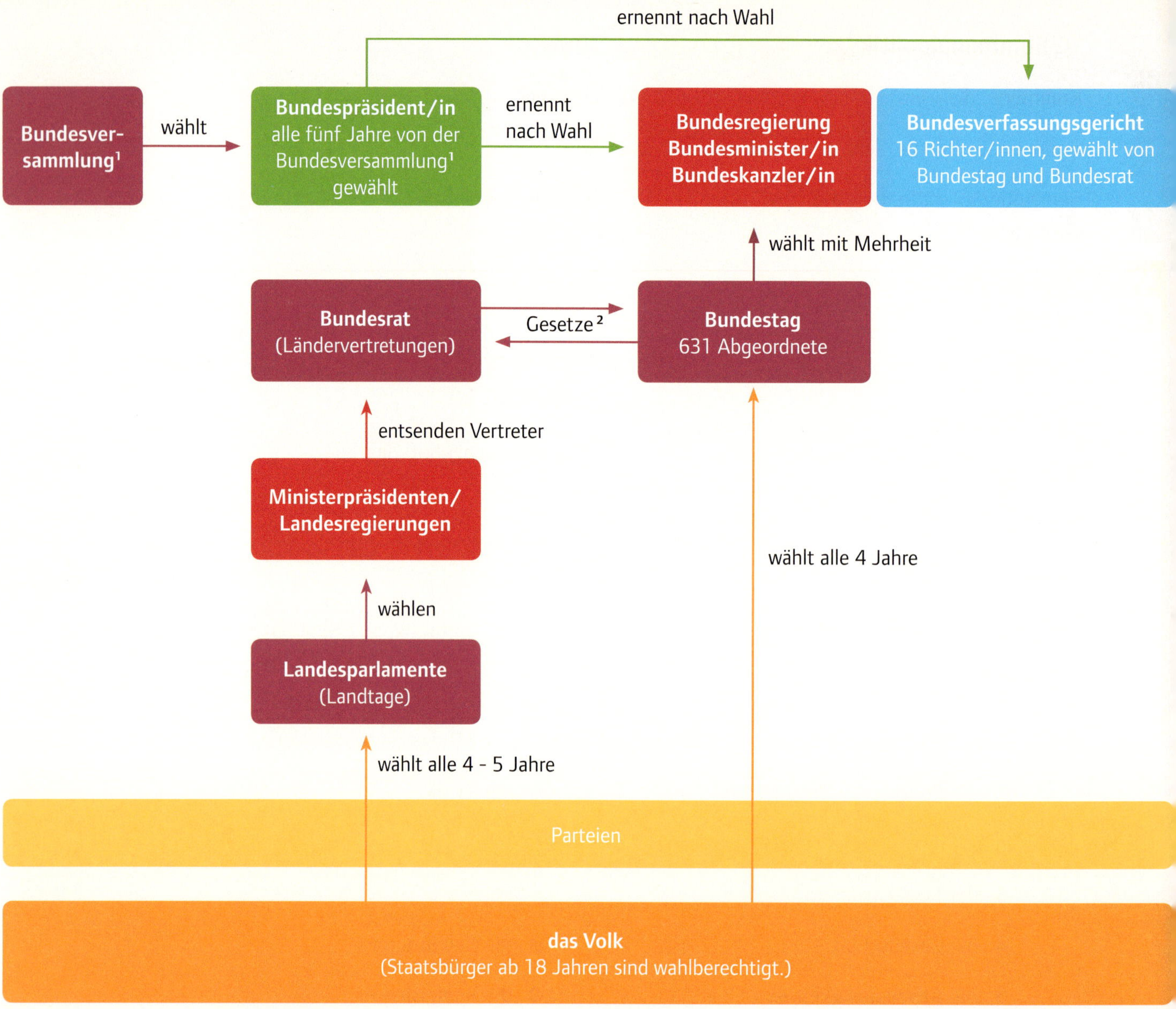

11 Wichtige Wörter

```
                                    ernennt nach Wahl
                          ┌─────────────────────────────────────────┐
                          │                                         ▼
Bundesver-    wählt    Bundespräsident/in    ernennt    Bundesregierung    Bundesverfassungsgericht
sammlung¹  ─────────▶  alle fünf Jahre von  nach Wahl   Bundesminister/in   16 Richter/innen, gewählt von
                       der Bundesversammlung¹ ────────▶ Bundeskanzler/in    Bundestag und Bundesrat
                       gewählt
                                                              ▲
                                                         wählt mit Mehrheit
                                                              │
                     Bundesrat          Gesetze²          Bundestag
                     (Ländervertretungen) ◀──────────    631 Abgeordnete
                              ▲                               ▲
                        entsenden Vertreter                   │
                              │                               │
                     Ministerpräsidenten/                     │
                     Landesregierungen                        │
                              ▲                         wählt alle 4 Jahre
                           wählen                             │
                              │                               │
                     Landesparlamente                         │
                     (Landtage)                               │
                              ▲                               │
                       wählt alle 4 - 5 Jahre                 │
```

Parteien

das Volk
(Staatsbürger ab 18 Jahren sind wahlberechtigt.)

1 = Die Bundesversammlung setzt sich aus Vertretern der Landesparlamente und aus den Bundestagsabgeordneten zusammen.

2 = Gesetze werden vom Bundestag beschlossen und brauchen oft die Zustim-
mung des Bundesrates. Der Bundespräsident verkündet die Gesetze.

 3 Das politische System in Deutschland. Hören Sie und betrachten Sie die Grafik. Beantworten Sie die Fragen schriftlich.

1 Wer wählt die Parlamente?
2 Wer wählt den Bundeskanzler / die Bundeskanzlerin?
3 Wie oft werden die Landesparlamente gewählt?
4 Wer ernennt die Bundesminister und Bundesministerinnen?
5 Wer wählt den Bundespräsidenten / die Bundespräsidentin?
6 Wer wählt die Richter und Richterinnen des Bundesverfassungsgerichtes?
7 Wer entsendet Mitglieder in den Bundesrat?

> *Die Parlamente werden von den wahlberechtigten Bürgerinnen und Bürgern gewählt. Der Bundestag wählt…*

Gründung der Bundesrepublik Deutschland und der DDR

Beitritt der BRD zur NATO und der DDR zum Warschauer Pakt, 1955

Mauerbau 1961

Mauerfall

Einführung der D-Mark in der DDR

Wiedervereinigung

Erste Bundestagswahl des wiedervereinigten Deutschlands

1. Dr. Konrad Adenauer unterzeichnet das Grundgesetz, Mai 1949
2. Wilhelm Pieck verliest die Gründung der Deutschen Demokratischen Republik, Oktober 1949
3. Flagge der Nato, Gründung 1949
4. Warschauer Konferenz zur Gründung des Warschauer Pakts, Mai 1955
5. Das geteilte Deutschland
6. Berliner Kinder schauen über die Mauer, 1961
7. Menschen aus Ost- und Westberlin auf der Mauer, November 1989
8. D-Mark, Zahlungsmittel bis Ende 2001
9. Einigungs-Parteitag der SPD-Ost und SPD-West in Berlin, September 1990
10. Hannelore und Helmut Kohl (CDU) am Wahlabend, Dezember 1990

4a Ordnen Sie die Verben den historischen Ereignissen zu.

> A fallen • B wiedervereinigen • C gründen • D beitreten •
> E einführen • F wählen • G bauen

1. [C] 1949: Gründung von BRD und DDR
2. [ ] 1955: Beitritt Warschauer Pakt / NATO
3. [ ] 13.8.1961: Mauerbau
4. [ ] 9.11.1989: Mauerfall
5. [ ] 1.7. 1990: Einführung der D-Mark in der DDR
6. [ ] 3.10.1990: Wiedervereinigung
7. [ ] 2.12.1990: Bundestagswahl

4b Ergänzen Sie mit den Verben aus 4a. Kontrollieren Sie mit dem Hörtext.

1. Die DDR und die Bundesrepublik Deutschland wurden 1949 …
2. 1955 … die Bundesrepublik der NATO und die DDR dem Warschauer Pakt …
3. Am 13. August 1961 wurde … Und am 9. November 1989 ist die Mauer …
4. Die D-Mark wurde …
5. Die DDR und die BRD wurden …

4c Berichten Sie über die Ereignisse von 1949 bis 1990.

> 1949 wurden die DDR und die BRD gegründet.

12 Wie wird es sein?

1 Veränderungen. Schreiben Sie die passenden Verben.

Die Gesellschaft wird alt. = Die Gesellschaft ....

Die Situation wird besser. = Die Situation ....

Deutschland wird anders. = Deutschland ....

2 Lesen Sie und ergänzen Sie.

> Thema • Migrationshintergrund • Experten • wahrscheinlich • Jahrzehnten • Durchschnittsalter • Prozent • Unterschiede

Deutschland im Wandel

Die Themen der Sendung „Hier und heute" von gestern Abend waren vielfältig. Die Moderatorin hatte .... eingeladen, um die Frage zu untersuchen, was sich in Deutschland in den letzten Jahren geändert hat, und was sich in den nächsten Jahren .... ändert.

Der Klimaexperte Georg Blohm erklärte, dass sich das Wetter in den letzten .... geändert hat. Die Winter und die Sommer in Deutschland sind wärmer geworden.

Die Politikerin Kristina Müller sagte, dass unsere Gesellschaft älter wird. Das .... der Deutschen steigt schon seit vielen Jahren, ungefähr 20 Prozent der Deutschen ist über 60 Jahre alt. Dieser demografische Wandel ist ein wichtiges .... für die Politik.

Frau Meitner, die in der Arbeitsberatung beschäftigt ist, hat über die Beschäftigung von Frauen informiert. Mehr als 70 .... der Frauen haben heute eine Arbeit. Aber es gibt noch große .... zwischen Männern und Frauen. Frauen verdienen deutlich schlechter als Männer und haben seltener Führungspositionen.

Zum Schluss ging es um ein sehr aktuelles Thema: Migration und Integration. Der Politikwissenschaftler Professor Wakur Darwisch erklärte, dass in Deutschland 7,2 Millionen Ausländer leben. Außerdem haben von den 81 Millionen Deutschen 15,3 Millionen Menschen einen ....

3 Wiederholung: Komparativ und Superlativ. Ergänzen Sie in Ihrem Heft.

> viel • wenig • warm • kalt • vielfältig • alt • jung • gut • schlecht

viel, mehr, am meisten – wenig …

A Ein Blick in die Zukunft

4 Prognosen. Was passt zusammen? Ordnen Sie zu.

1 Der Anteil der erneuerbaren Energien bei der Stromerzeugung
2 Bis 2050 werden mehr Menschen mit Migrationshintergrund
3 In den städtischen Regionen
4 Im Jahr 2030 wird es weniger
5 Experten erwarten, dass

A in Deutschland leben.
B die Kernenergie in Zukunft keine Rolle mehr spielen wird.
C junge Menschen in Deutschland geben.
D wird die Einwohnerzahl steigen.
E wird in den nächsten Jahrzehnten steigen.

5a Visionen für die Zukunft. Schreiben Sie Sätze mit Futur 1 wie im Beispiel.

1 In den großen Städten … (es gibt keinen Smog)
2 In den Innenstädten … (fahrerlose Elektrobusse fahren)
3 Die Leute … (mehr Freizeit haben)
4 Auch ältere Menschen … (fit sein und viel für die Gesundheit tun)
5 Kinder auf der ganzen Welt … (eine Schule besuchen)
6 Alle Kinder … (die gleichen Chancen haben)
7 Die Welt … (friedlicher sein)
8 In allen Ländern … (das Leben vielfältiger und multikultureller sein)

1 In den großen Städten wird es keinen Smog mehr geben.

5b Was denken Sie? Wählen Sie Sätze aus 5a aus und ergänzen Sie die Satzanfänge.

1 Ich hoffe, dass _____.
2 Es ist möglich, dass _____.
3 Ich bin sicher, dass _____.
4 Ich kann mir nicht vorstellen, dass _____.

6 Wiederholung: Futur, Präsens, Perfekt. Schreiben Sie die Sätze in der passenden Zeit.

> kleben / Fotos / an die Wand / er • starten / das Flugzeug

1 Gleich wird ....   2 Jetzt ....   3 Vor wenigen Sekunden ....

4 Gleich ....   5 Jetzt ....   6 Vor wenigen Sekunden ....

7 Wiederholung: Passiv. Schreiben Sie die Sätze im Passiv in Ihr Heft.

1 Strom – immer mehr – aus Sonnenenergie – gewinnen (Gegenwart)
2 Frauen – in vielen Bereichen – schlechter – bezahlen – als Männer (Gegenwart)
3 viele Berufe – früher – von Frauen – nicht – ausüben (Vergangenheit)
4 vor fünfzig Jahren – in Deutschland – der Müll – nicht trennen (Vergangenheit)

8 Dreimal *werden*. Lesen Sie die Sätze und ordnen Sie A, B oder C zu.

A werden + Adjektiv (Veränderung)
B werden + Partizip (Passiv)
C werden + Infinitiv (Futur I)

1 ☐ Besonders in den Großstädten wird die Bevölkerung bunter und vielfältiger.
2 ☐ Schon seit vielen Jahren wird Strom aus erneuerbaren Energien genutzt.
3 ☐ Durch den Klimawandel werden die Winter in Deutschland wärmer.
4 ☐ Die Situation von berufstätigen Frauen wird sich weiter verbessern.
5 ☐ Von Experten werden Veränderungen in vielen Bereichen erwartet.
6 ☐ Der Anteil der Zuwanderer an der Bevölkerung in Deutschland wird steigen.

B Wahrscheinlich wird es regnen

9a Oma und Enkeltochter. Lesen Sie und ordnen Sie die Bilder den Texten zu.

A

Ich denke, dass ich ein gutes Leben hatte. Ich bin Lehrerin, habe mich aber, seit wir Kinder haben, um den Haushalt und die Kinder gekümmert. Obwohl nur mein Mann Geld verdient hat, ging es uns finanziell immer gut. Wir haben ein Haus gebaut, hatten immer ein Auto und wir hatten immer genug Geld, um einmal im Jahr mit unseren Kindern drei Wochen in den Urlaub zu fahren. Aber das war in den neunzehnhundertsechziger, -siebziger Jahren. Damals gab es noch keine Diskussionen über Probleme mit Rohstoffen, Klimawandel und Umweltschutz. Die Zukunft sah für uns damals noch sehr positiv aus. Das ist heute aber anders. Wenn ich an die Zukunft meiner Enkel denke, bin ich nicht mehr so optimistisch. Ich habe Angst, dass ihr Leben nicht so gut und sicher wird, dass es viele Probleme geben wird. Die Welt ist so kompliziert geworden und wird wahrscheinlich immer komplizierter werden. Schon jetzt gibt es ja viele Probleme, die die Politiker nicht lösen können. Ich glaube, das wird immer schwieriger werden.

Elvira Schiemenz, 69

B

Es stimmt, wenn meine Oma sagt, dass wir zum Beispiel bei den Themen Umwelt und Energie heute über Probleme sprechen, die früher noch unbekannt waren. Aber ich finde nicht, dass wir deshalb pessimistisch sein müssen. Es wird vielleicht nicht einfach werden, aber ich bin sicher, dass wir mit der modernen Technik unsere Probleme lösen können. Ein gutes Beispiel dafür ist die Sonnen- oder Windenergie. Wenn wir diese in Zukunft mehr nutzen, werden wir unabhängiger von den begrenzten Rohstoffreserven sein. Außerdem wird es vielleicht neue Technologien geben, von denen wir jetzt noch nichts wissen. Ehrlich gesagt sind für mich persönlich zurzeit auch andere Fragen wichtiger: Ich schließe bald die Schule ab und muss mich entscheiden, welchen Beruf ich lernen möchte. Das ist keine einfache Entscheidung. Denn ich will später einmal eine Familie haben und möchte einen Beruf, in dem ich zufrieden bin und Geld verdiene, aber ich möchte auch genug Zeit für meine Kinder haben. In den Sommerferien werde ich ein Praktikum in einem Versicherungsbüro machen, um zu sehen, ob mir die Arbeit dort gefällt.

Ilona Schiemenz, 17

9b Lesen Sie die Texte noch einmal und kreuzen Sie an: Richtig oder falsch?

		R	F
1	Elvira Schiemenz ist unzufrieden mit ihrem Leben.	☐	☐
2	Als sie jung war, hat sie sich keine Sorgen um ihre Zukunft gemacht.	☐	☐
3	Heute hat sie Angst, dass das Leben ihrer Enkel nicht einfach werden wird.	☐	☐
4	Ilona Schiemenz glaubt, dass die Umwelt- und Energieprobleme gelöst werden.	☐	☐
5	Sie möchte entweder Karriere machen oder eine Familie gründen.	☐	☐
6	Sie hat schon ein Praktikum bei einer Versicherung gemacht.	☐	☐

10 Wie sicher sind die Vermutungen? Hören Sie und kreuzen Sie an.

	Es ist sehr sicher.	Es kann sein, ist aber nicht sicher.	Es ist nicht wahrscheinlich.
1 Tom wird kommen.	☐	☐	☐
2 Sie gehen morgen joggen.	☐	☐	☐
3 Sie fahren in die Berge.	☐	☐	☐
4 Das Wetter wird gut. Sie können grillen.	☐	☐	☐
5 Sie gehen am Wochenende zusammen ins Kino.	☐	☐	☐

11a Wiederholung: Perfekt, Präteritum und Plusquamperfekt. Ergänzen Sie die Verben in der 3. Person Sg. (er/es/sie/man).

	Präteritum	Perfekt	Plusquamperfekt
es gibt	es gab		
kommen		ist gekommen	
zurückgehen			
wachsen			war gewachsen
steigen			
an Bedeutung verlieren			
betragen			

11b Ergänzen Sie passende Verben aus 11a im Perfekt. Achten Sie auf die richtige Form.

1 Die Schülerzahlen in Sachsen-Anhalt .... seit 1980 von 429 611 auf 173 799 ....

2 Die Kernenergie ist in den letzten Jahren weniger wichtig geworden. Sie ....

3 Die Benzinpreise .... wieder .... Der Liter ist jetzt so teuer wie noch nie.

11c Ergänzen Sie passende Verben aus 11a im Präteritum. Achten Sie auf die richtige Form.

1 Der Anteil von Menschen mit Migrationshintergrund .... in Deutschland in den letzten Jahren stark.

2 Im Jahr 2000 .... der Anteil der erneuerbaren Energien an der Stromerzeugung weniger als 10 Prozent.

3 1950 .... es in Deutschland mehr Familien mit vielen Kindern.

C Ein Dozent berichtet

12 Ein Kursteilnehmer berichtet. Lesen Sie und korrigieren Sie die Aussagen.

Gestern war der letzte Tag von meinem Deutschkurs. Wir haben eine Abschiedsparty gefeiert, was großen Spaß gemacht hat. Aber wir waren alle auch ein bisschen traurig, denn ein großer Teil der Kursteilnehmer war nun fast ein Jahr zusammen. Ich werde sicher nicht alle anderen Kursteilnehmer wiedersehen, aber mit einigen werde ich mich weiter treffen.
Bevor ich den Kurs angefangen habe, konnte ich kein Wort Deutsch. Deshalb war ich am ersten Kurstag sehr unsicher. Es war am Anfang nicht leicht für mich, weil kein anderer im Kurs meine Muttersprache gesprochen hat. Später war das ein Vorteil für mich, weil ich immer Deutsch gesprochen habe. Ich habe während des Kurses sehr viel gelernt, aber trotzdem bin ich noch etwas unsicher, wenn ich mit fremden Leuten Deutsch spreche. Ich verstehe schon sehr viel, aber wenn ich etwas sagen oder schreiben will, fehlen mir oft Wörter und ich habe Angst, Fehler zu machen. Ich bin aber optimistisch, dass das auch bald besser wird. Ich werde jetzt zu Hause weiter lernen und vielleicht mache ich später einen B2-Kurs.

Rashid, 24

1 Die Abschiedsparty war sehr traurig.

2 Rashid will die anderen Kursteilnehmer nicht wiedersehen.

3 Er hat keine Probleme mehr, wenn er mit anderen Leuten Deutsch spricht.

13 Ergänzen Sie die Sätze.

1 Bevor ich den Deutschkurs angefangen habe, ...

2 Am ersten Kurstag ....

3 Nach dem Deutschkurs ....

D Abschiede

14a Hören Sie die Abschiedssituationen und ordnen Sie die Fotos zu.

A    B    C    D

12

14b Hören Sie noch einmal und notieren Sie: Welcher Satz kommt in welchem Dialog vor?

- ☐ Wir wünschen Ihnen einen guten Start in …
- ☐ Wir werden Sie vermissen.
- ☐ Wir müssen unbedingt in Kontakt bleiben.
- ☐ Ich wünsche Ihnen beruflich und privat alles Gute.
- ☐ Ich wünsche Ihnen alles Gute und viel Glück.
- ☐ Sie werden uns fehlen.
- ☐ Lass mal von dir hören!
- ☐ Es war sehr angenehm, mit Ihnen zu arbeiten.

15 Schreiben Sie einen Abschiedsdialog nach einer Einladung zum Essen bei Freunden.

- gehen müssen / jetzt / leider
- morgen / um 6.00 Uhr aufstehen
- Dank für die Einladung / sehr gutes Essen / Tschüss
- schon gehen? / noch früh
- schade / Abend / nett gewesen
- Tschüss / gut nach Hause kommen

16 Textkaraoke. Hören, lesen und sprechen Sie die 👄-Rolle im Dialog.

👂 …

👄 Ja, es ist fast alles schon im Umzugsauto. Gleich geht's los.

👂 …

👄 Ja, wir finden es auch schade. Aber wir haben eine tolle Wohnung mit einem kleinen Garten gefunden. Darauf freuen wir uns.

👂 …

👄 Sie werden uns auch fehlen. Wir haben uns sehr wohlgefühlt hier.

👂 …

👄 Danke, Ihnen auch alles Gute.

👂 …

17 Schreibtraining. Hören Sie und ergänzen Sie. Achten Sie auch auf die Satzzeichen.

....

.... ziehen wir um. ....

Abschiedsparty. Kommt .... in die Bobstraße 5. Wenn ihr

.... einen Salat ....

Getränke ....

....

....

Hasret, Steve, Ben und Anna

Deutsch Plus

18a Zukunft. Lesen Sie die Zitate. Was bedeuten sie? Ordnen Sie zu.

1. ☐ Man sollte Dinge, die man erledigen kann, gleich tun.
2. ☐ Man muss sich mit der Vergangenheit beschäftigen, damit die Zukunft gut wird.
3. ☐ Man muss die Gegenwart richtig nutzen und darf sie nicht verschwenden.
4. ☐ Ein Vorteil, den wir jetzt bekommen können, kann in der Zukunft auch ein Nachteil sein.
5. ☐ Mit dem, was wir jetzt tun, haben wir eine Verantwortung für die Zukunft.

A — Keine Zukunft vermag gut zu machen, was du in der Gegenwart versäumst.
- Albert Schweitzer, 1875–1965 -

B — WAS DU HEUTE KANNST BESORGEN, DAS VERSCHIEBE NICHT AUF MORGEN.
Sprichwort

C — Für augenblicklichen **Gewinn** **verkaufe** ich die Zukunft nicht.
Werner von Siemens, 1816–1892, Erfinder / Begründer der Elektrotechnik

D — WAS WIR HEUTE TUN, ENTSCHEIDET DARÜBER, WIE DIE WELT MORGEN AUSSIEHT.
Marie von Ebner-Eschenbach (1830–1916)

E — Nur wer die *Vergangenheit* kennt, hat eine Zukunft.
Wilhelm von Humboldt, 1767–1855, Gründer der Humboldt-Universität Berlin

18b Welches Zitat gefällt Ihnen am besten oder welches Zitat gefällt Ihnen nicht? Begründen Sie Ihre Meinung.

....
....
....
....

18c Welche Sprüche über die Zukunft, die Gegenwart oder die Vergangenheit kennen Sie aus Ihrem Herkunftsland?

12 Wichtige Wörter

Führungsposition, die, -en

Herausforderung, die, -en

Einwanderungsland, das, ¨-er

Migrationshintergrund, der, Sg.

vielfältig

A Ein Blick in die Zukunft

Gegenwart, die, Sg.

Vergangenheit, die, Sg.

Zukunft, die, Sg.

Prognose, die, -n

erwarten

sich verändern

Bevölkerungsentwicklung, die, -en

Einwohnerzahl, die, -en

Zuwanderung, die, -en

Zuwanderer/Zuwanderin, der/die, -/-nen

Klimaveränderung, die, -en

Erdöl, das, Sg.

Man geht davon aus, dass …

wirtschaftlich

ländlich

ländlicher Raum

vor{stellen (sich) (etwas)

halten (für)

eine Rolle spielen

an Bedeutung verlieren

zurück{gehen

knapp

B Wahrscheinlich wird es regnen

wahrscheinlich

bestimmt

eventuell

wohl

C Ein Dozent berichtet

Dozent/in, der/die, -en/-nen

Stufe, die, -n

Integrationskurs, der, -e

einen Test ablegen

Basis, die, Sg.

Gelegenheit, die, -en

Unsicherheit, die, -en

verschwinden

zurecht{finden (sich)

ehemalig

Empfehlung, die, -en

D Abschiede

Abschied, der, -e

Ruhestand, der, Sg.

Lebensabschnitt, der, -e

Arbeitsalltag, der, Sg.

weiterhin

Zum Wohl!

mein Schatz

melden (sich)

auf{passen (auf)

lieb haben

zusammen{ziehen

wieder∤sehen .... Zusammenarbeit, die, Sg. ....

wertvoll ....

kompetent ....

Ruhe bewahren ....

weg∤gehen ....

1a Wie heißt das Adjektiv? Ergänzen Sie.

1 wert_ _ _ _ 3 vielfält_ _ 5 länd_ _ _ _

2 kompet_ _ _ 4 ehemal_ _ 6 wirtschaft_ _ _ _

1b Wählen Sie Adjektive aus 1a aus und ergänzen Sie – wenn nötig – die Endungen.

1 Im .... Raum sind die Verkehrsverbindungen meist nicht so gut.

2 Die Bevölkerung in Deutschland, besonders in den Großstädten ist .... geworden.

3 Wir sind umgezogen, aber wir treffen unsere .... Nachbarn noch häufig.

2a Komposita. Was passt zusammen? Ordnen Sie zu.

1 Einwanderungs- A -abschnitt
2 Migrations- B -energie
3 Bevölkerungs- C -hintergrund
4 Wasser- D -kurs
5 Integrations- E -land
6 Lebens- F -entwicklung
7 Führungs- G -stand
8 Ruhe- H -position

2b Ergänzen Sie Wörter aus 2a.

1 Die Anzahl der Schüler mit .... an deutschen Schulen ist in den letzten Jahren gestiegen.

2 Die Schulzeit, die Zeit, in der man arbeitet und die Rente sind wichtige ....

3 Immer mehr Menschen kommen nach Deutschland, um dort zu leben. Deutschland ist ein .... geworden.

4 Wenn man im Alter aufhört zu arbeiten, geht man in den ....

3 Wörter hören und nachsprechen. Hören Sie zu und sprechen Sie nach.

1 bestimmt – wahrscheinlich – vielleicht – eventuell
2 die Prognose – die Gegenwart – die Vergangenheit – die Zukunft
3 erwarten – verschwinden – zurückgehen – sich zurechtfinden

einhundertsiebenundfünfzig 157

12 Wichtige Wörter

4a Ordnen Sie die Wörter den Zeichnungen zu. Manchmal gibt es mehrere Möglichkeiten.

> der Hubschrauber • das Auto • fliegen • im Stau stehen • der Roboter •
> der Bildschirm • unterrichten • der Sensor • blinken • der Rohstoff • der Müll •
> Rohstoffe gewinnen (aus) • selbstfahrend • das Parkhaus • das Gerät • die Kontrolle •
> kontrollieren • die Gesundheit • der Kühlschrank • kommunizieren (mit) •
> selbstständig • der Einkaufszettel • eine Nachricht schicken

4b Beschreiben Sie die Bilder.

5 Welche Zukunftsvisionen halten Sie für realistisch? Welche halten Sie für wünschenswert? Diskutieren Sie.

> Es wird wohl fliegende Autos geben. Aber ich denke, dass es damit viele Probleme geben wird.

> Es wird bestimmt nicht so schnell ... geben.

6 Über Prüfungssituationen sprechen. Wählen Sie ein Foto aus und beschreiben Sie die Situation.

> Die Personen sehen ... aus.
> Sie wirken auf mich ...
> Ich könnte mir vorstellen, dass ...
> Die Personen werden wohl/vielleicht/wahrscheinlich/bestimmt ...

7 Hören Sie und notieren Sie. Wie bereiten sich Tina Gerbig und Raza Turabi auf ihre Prüfung vor?

2.35

Tina Gerbig	Raza Turabi
einen Lernplan gemacht	...

8 Wie bereiten Sie sich auf eine Prüfung vor? Erzählen Sie.

Station 4

1a Lesen Sie und ergänzen Sie.

✓ ✗ **Ich kann auf Deutsch**

☐ ☐ **A** persönliche Informationen geben.

Wählen Sie einen Stichpunkt aus und schreiben Sie einen Text.

meine Familie • meine Arbeit • mein Lebenslauf

....

....

....

☐ ☐ **B** mit Nachbarn sprechen.

Wählen Sie eine Situation aus und schreiben Sie einen Dialog.
1 Am Samstag ist ein Nachbarschaftsfest. Sie treffen einen Nachbarn im Treppenhaus und fragen, ob er kommt. Der Nachbar ist an diesem Tag verreist.
2 Ihr Kind hat nach der Schule ein Nachbarskind besucht. Sie holen Ihr Kind bei der Nachbarin ab und sprechen mit ihr darüber, was die Kinder gemacht haben.

....

....

....

....

☐ ☐ **C** mich bei einer Firma bewerben.

Im Bewerbungsgespräch. Schreiben Sie Antworten zu den Fragen.

Können Sie auch am Wochenende arbeiten?

....

Sind Überstunden ein Problem für Sie?

....

Was sind Ihre persönlichen Stärken?

....

Warum interessieren Sie sich für diese Stelle?

....

Arbeiten Sie gerne im Team?

....

160   einhundertsechzig

		✓	✗

D sagen, was im Verkehr anders geworden ist.   ☐ ☐

Früher

Heute

E über ein Fest in meinem Heimatland berichten.   ☐ ☐

F über Vorteile und Nachteile des Online-Shoppings sprechen.   ☐ ☐

1 *Ein Vorteil des Online-Shoppings ist,*

2 *Von Nachteil ist,*

3 *Das Problem ist,*

4

G eine Einladung schreiben.   ☐ ☐

Sie wollen am Samstagabend bei sich zu Hause ein Fest feiern. Schreiben Sie eine Einladung für Ihre Freunde und bitten Sie sie, Ihnen Bescheid zu sagen, ob sie kommen.

4

✓ ✗

☐ ☐ **H** über einen Unfall und seine Folgen sprechen.

☐ ☐ **I** Gründe für einen Aufenthalt im Krankenhaus nennen.

☐ ☐ **J** das politische System in meinem Herkunftsland kurz beschreiben.

☐ ☐ **K** sagen, welche politischen Themen ich wichtig finde.

Welche dieser politischen Themen finden Sie am wichtigsten und warum?

> Kinderbetreuung • Bildung • Umwelt • Integration von Migranten • Gesundheit • soziale Sicherheit • Frieden

L Dinge oder Personen miteinander vergleichen.

Ruth: 1,05 m   Lina: 1,13 m   Maja: 1,13 m   Katharina: 1,16 m

1 Lina und Maja sind ....

2 Beide sind .... als Katharina, aber .... als Ruth.

3 Katharina ist von den vier Mädchen am ....

4 Ruth ist das .... Mädchen.

M über meine Zukunft sprechen.

In fünf Jahren werde ich ....

Ich will ....

Ich hoffe, ...

N über Entwicklungen in der Zukunft sprechen.

Wie sehen Sie die Zukunft? Wählen Sie zwei Themen aus und schreiben Sie je zwei Sätze.

> Klimawandel • Rohstoffe • Energie • Verkehr • Bevölkerung

....
....
....
....

O über Abschiede sprechen.

Schreiben Sie drei Sätze über Ihren Abschied vom Deutschkurs.

....
....
....

1b Kontrollieren Sie mit den Lösungen und markieren Sie ✓ für *kann ich* und ✗ für *kann ich nicht so gut*.

Grammatik im Überblick

1 Verben im Präsens

Regelmäßige Verben

Verben mit Vokalwechsel: *e → i, a → ä*

Unregelmäßige Verben

Trennbare Verben

Modalverben

Das Verb *lassen*

zu + Infinitiv

Reflexive Verben

Die Verben *legen*/*liegen* und *stellen*/*stehen*

Der Imperativ

Konjunktiv II von *haben*, *sein* und den Modalverben

Höfliche Bitten

Ratschläge mit *sollte*

Wunschsätze mit *würde gern(e)* + Infinitiv

Bedingungssätze mit *wenn* + Konjunktiv II

Passiv Präsens

2 Verben in der Vergangenheit

Das Präteritum von *sein* und *haben*

Modalverben im Präteritum

Regelmäßige Verben im Präteritum

Das Perfekt: *haben*/*sein* + Partizip II

Das Perfekt: Bildung der Partizipien

Das Perfekt: *sein* oder *haben*?

Plusquamperfekt

Passiv Präteritum und Passiv Perfekt

3 Verben in der Zukunft : Futur I

4 Partizip I

5 Artikel und Nomen

Artikel im Nominativ

Artikel im Akkusativ

Artikel im Dativ

Artikel im Genitiv

N-Deklination

Diminutiv

Possesivartikel

Das Fragewort *welch–*

Der Demonstrativartikel *dies–*

Das Fragewort *was für ein–*

Der Plural von Nomen

6 Pronomen

Personalpronomen

Artikel und Pronomen

Das unpersönliche Pronomen *man*

Artikel als Pronomen

Das Pronomen *es*

Reflexivpronomen

Relativpronomen

Derselbe, dieselbe, dasselbe und dieselben

7 Adjektive

Adjektive nach dem Nomen (prädikativ)

Adjektive vor dem Nomen (attributiv)

Nomen, die man wie Adjektive dekliniert

Adjektive im Komparativ und Superlativ

8 Präpositionen

Temporale Präpositionen (Zeit): *am*, *um*, *im*, *vor*, *nach*, *seit*, *bis*, *von* … *bis*

Lokale Präpositionen (Ort): *in*, *bei*, *nach*, *zu*, *aus*, *von*

Präpositionen mit Dativ: *aus*, *bei*, *mit*, *nach*, *seit*, *von*, *zu*, *vor* (temporal)

Präpositionen mit Akkusativ: *für*, *um*, *durch*, *ohne*

Wechselpräpositionen mit Akkusativ und Dativ: *in*, *an*, *auf*, *hinter*, *vor*, *über*, *unter*, *neben*, *zwischen*

Präpositionen mit Genitiv: *außerhalb*, *innerhalb*, *wegen*, *während*

Verben mit Präpositionen

Fragen nach Sachen

Fragen nach Personen

Präpositionen *mit*/*für*/*gegen*/*in*/… + *einander*

9 Wortbildung

Komposita

Das Datum – Ordinalzahlen

Adjektive mit -*los* und -*un*

10 Wörter im Satz

Sätze und W-Fragen

Ja/Nein-Fragen (Satzfragen)

Satzklammer: Trennbare Verben

Satzklammer: Modalverben

Satzklammer: Perfekt

Ja – Nein – Doch

Vergleichssätze

Verneinung mit *nicht* oder *kein*

Verben mit Nominativ und Akkusativ

Verben mit Nominativ, Dativ und Akkusativ

Verben mit Nominativ und Dativ

Verben mit Nominativ und Nominativ

Verben mit Präpositionen

Sätze verbinden mit *aber* – *denn* – *und* – *oder*

Sätze verbinden mit *deshalb* und *trotzdem*

Sätze verbinden mit (*an*)*statt* + *zu* + Infinitiv und *nicht*…*sondern*

Nicht nur …, sondern auch

Weder … noch

Entweder … oder

Je … desto

Nebensätze mit *weil*

Nebensätze mit *dass*

Nebensätze mit *wenn*

Nebensätze mit *damit* und Satzverbindungen mit *um*…*zu* + Infinitiv

Nebensätze mit *obwohl*

Temporale Nebensätze mit *als* und *wenn*

Temporale Nebensätze mit *bevor*

Temporale Nebensätze mit *während*

Temporale Nebensätze mit *nachdem*

Temporale Nebensätze mit *seit* und *seitdem*

Indirekte Fragen

Nebensatz vor Hauptsatz

Relativsätze

Relativsätze mit *was* und *wo*

Grammatik im Überblick

1 Verben im Präsens

Regelmäßige Verben

Infinitiv		kommen
Singular	ich	komm-e
	du	komm-st
	er/es/sie/man	komm-t
Plural	wir	komm-en
	ihr	komm-t
	sie	komm-en
Höflichkeitsform	Sie	komm-en

Woher kommen Sie?

Ich komme aus Deutschland.

⚠ heißen: du heißt, er/sie heißt
genauso: genießen, schließen, …
⚠ sitzen: du sitzt
genauso: nutzen, putzen, …

⚠ arbeiten: du arbeitest, er/sie arbeitet, ihr arbeitet …
genauso: antworten, kosten, einschalten, ausschalten, berichten, bieten, bitten, chatten, reden, …

Verben mit Vokalwechsel: e → i, e → ie, a → ä

		e → i	e → ie	a → ä
Infinitiv		sprechen	lesen	schlafen
Singular	ich	spreche	lese	schlafe
	du	sprichst	liest	schläfst
	er/es/sie/man	spricht	liest	schläft
Plural	wir	sprechen	lesen	schlafen
	ihr	sprecht	lest	schlaft
	sie	sprechen	lesen	schlafen
Höflichkeitsform	Sie	sprechen	lesen	schlafen

genauso: treffen: er/sie trifft
essen: er/sie isst
nehmen: er/sie nimmt
helfen: er/sie hilft
sehen: er/sie sieht
tragen: er/sie trägt
anfangen: er/sie fängt an
fahren: er/sie fährt
einladen: er/sie lädt ein

Unregelmäßige Verben

Infinitiv		sein	haben	mögen	(möchten)	wissen
Singular	ich	bin	habe	mag	möchte	weiß
	du	bist	hast	magst	möchtest	weißt
	er/es/sie/man	ist	hat	mag	möchte	weiß
Plural	wir	sind	haben	mögen	möchten	wissen
	ihr	seid	habt	mögt	möchtet	wisst
	sie	sind	haben	mögen	möchten	wissen
Höflichkeitsform	Sie	sind	haben	mögen	möchten	wissen

Trennbare Verben

Der Kurs fängt um 9 Uhr an und hört um 12 Uhr auf.

Am Dienstag fällt der Kurs aus.

ab}holen	Marines	holt	ein Paket	ab.
ein}kaufen	Danach	kauft	sie Obst und Gemüse	ein.
auf}stehen	Morgen	steht	sie sehr früh	auf.

genauso: anfangen, anrufen, aufräumen, aufhören, ausgehen, ausfallen, fernsehen, mitkommen, mitbringen, stattfinden, abschicken, auswählen, …

In der Wortliste am Ende jeder Lektion im Arbeitsbuch sind die trennbaren Verben immer so } gekennzeichnet, zum Beispiel: an}fangen.

Modalverben

Infinitiv		können	wollen	müssen	sollen	dürfen
Singular	ich	kann	will	muss	soll	darf
	du	kannst	willst	musst	sollst	darfst
	er/es/sie/man	kann	will	muss	soll	darf
Plural	wir	können	wollen	müssen	sollen	dürfen
	ihr	könnt	wollt	müsst	sollt	dürft
	sie	können	wollen	müssen	sollen	dürfen
Höflichkeitsform	Sie	können	wollen	müssen	sollen	dürfen

Ich	kann	gut auf Deutsch	lesen.
Meine Freundin	will	noch einen Apfelsaft	trinken.
Wir	müssen	jeden Tag früh	aufstehen.
Ich	soll	die Tabletten zweimal pro Tag	nehmen.
Hier	darf	man nicht	parken.

Das Verb *lassen*

	lassen
ich	lasse
du	lässt
er/es/sie/man	lässt
wir	lassen
ihr	lasst
sie	lassen
Sie	lassen

Ich	lasse	meine Wohnung	streichen.
Sie	lässt	ihre Lampe	aufhängen.

Ich lasse meine Wohnung renovieren.
(=Ich renoviere meine Wohnung nicht selbst).

Grammatik im Überblick

zu + Infinitiv

Sie verbietet ihrem Sohn, am Computer zu spielen.
Er hat keine Lust, die App herunterzuladen.
Es ist gut, nach der Arbeit eine Pause zu machen.
Es macht Spaß, mit Freunden zu chatten.

Zu + Infinitiv steht nach
- bestimmten Verben   (z. B. anfangen, verbieten, vergessen, versuchen, …)
- Ausdrücken mit Nomen + haben   (z. B. Zeit /Lust… haben)
- Ausdrücken mit Es ist + Adjektiv (z. B. Es ist gut/schlecht/schwierig/…)
- Ausdrücken mit Es macht …   (z. B. Es macht Spaß/Freude/…)

Reflexive Verben

	sich freuen
ich	freue mich
du	freust dich
er/es/sie/man	freut sich
wir	freuen uns
ihr	freut euch
sie	freuen sich
Sie	freuen sich

Wir freuen uns, weil wir eine gute Wohnung gefunden haben.

genauso: sich vorstellen, sich verkleiden, sich ärgern, sich entschuldigen, sich fühlen, sich kennenlernen, sich streiten, sich trennen, sich unterhalten, sich verlieben, sich vorstellen, …

Die Verben *legen/liegen* und *stellen/stehen*

Wohin? – *legen/stellen*
(Präposition + Akkusativ)
Sie legen den Teppich auf den Boden.
Sie stellen den Tisch auf den Teppich.

Wo? – *liegen/stehen*
(Präposition + Dativ)
Der Teppich liegt auf dem Boden.
Der Tisch steht auf dem Teppich.

Der Imperativ

	Sie-Form	du-Form		ihr-Form
machen	Machen Sie …	(du machst)	Mach …	Macht …
sprechen	Sprechen Sie …	(du sprichst)	Sprich …	Sprecht …
mitkommen	Kommen Sie (doch) mit!	(du kommst)	Komm (doch) mit!	Kommt (doch) mit!
⚠ fahren	Fahren Sie!	(du fährst) Fahr …		Fahrt …
⚠ sein	Seien Sie ruhig!	(du bist) Sei ruhig!		Seid ruhig!

Konjunktiv II

Konjunktiv II von *haben*, *sein* und den Modalverben

	haben	sein	können	müssen	sollen	würde + Inf.
ich	hätte	wäre	könnte	müsste	sollte	würde
du	hättest	wärst	könntest	müsstest	solltest	würdest
er/es/sie/man	hätte	wäre	könnte	müsste	sollte	würde
wir	hätten	wären	könnten	müssten	sollten	würden
ihr	hättet	wärt	könntet	müsstet	solltet	würdet
sie/Sie	hätten	wären	könnten	müssten	sollten	würden

Höfliche Bitten

Könntest du mir helfen?
Könnten Sie Frau Abiska einen Schlüssel geben?
Entschuldigung, darf ich fragen, wie der neue Kollege heißt?

Ratschläge mit *sollte*

Ich	sollte	weniger	rauchen.
Du	solltest	mehr Sport	machen.
Bei Stress	sollte	man sich	entspannen.

Wunschsätze mit *würde gern(e)* + Infinitiv

Ich	würde gern(e)	in Vollzeit	arbeiten.
Sie	würde gern(e)	Medizin	studieren.
Wir	würden gern(e)	eine Radtour	machen.

Bedingungssätze mit *wenn* + Konjunktiv II

Wenn ich morgen frei hätte, würde ich bis 10 Uhr schlafen.
Ich würde bis 10 Uhr schlafen, wenn ich morgen frei hätte.

Passiv Präsens

Mit dem Passiv kann man sagen, was mit einer Person oder Sache gemacht wird. Man muss nicht sagen, wer das macht.

Aktiv Präsens: Der Mechaniker prüft den Motor.
→ Passiv Präsens: Der Motor wird (von dem Mechaniker) geprüft.

Wenn man im Passivsatz die handelnde Person nennen will, benutzt man *von* + Dativ:

→ Der Motor wird von dem Mechaniker geprüft.

Nicht immer haben Passivsätze ein Subjekt:

Aktiv Präsens: Sonntags arbeitet man in der Werkstatt nicht.
→ Passiv Präsens: Sonntags wird in der Werkstatt nicht gearbeitet.

Grammatik im Überblick

2 Verben in der Vergangenheit

Das Präteritum von *sein* und *haben*

Infinitiv		sein	haben
Singular	ich	war	hatte
	du	warst	hattest
	er/es/sie/man	war	hatte
Plural	wir	waren	hatten
	ihr	wart	hattet
	sie	waren	hatten
	Sie	waren	hatten

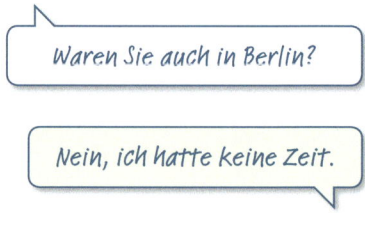

Waren Sie auch in Berlin?

Nein, ich hatte keine Zeit.

Modalverben im Präteritum

	müssen	können	dürfen	wollen
ich	musste	konnte	durfte	wollte
du	musstest	konntest	durftest	wolltest
er/es/sie/man	musste	konnte	durfte	wollte
wir	mussten	konnten	durften	wollten
ihr	musstet	konntet	durftet	wolltet
sie	mussten	konnten	durften	wollten
Sie	mussten	konnten	durften	wollten

Für *möchte* gibt es kein Präteritum, man benutzt das Präteritum von *wollen* (*wollte*):
Heute möchte ich einen Kaffee, gestern wollte ich einen Tee.

Regelmäßige Verben im Präteritum

	wohnen	arbeiten	gehen	fahren	fliegen	geben	werden
ich	wohnte	arbeitete	ging	fuhr	flog	gab	wurde
du	wohntest	arbeitetest	gingst	fuhrst	flogst	gabst	wurdest
es/es/sie/man	wohnte	arbeitete	ging	fuhr	flog	gab	wurde
wir	wohnten	arbeiteten	gingen	fuhren	flogen	gaben	wurden
ihr	wohntet	arbeitetet	gingt	fuhrt	flogt	gabt	wurdet
sie	wohnten	arbeiteten	gingen	fuhren	flogen	gaben	wurden
Sie	wohnten	arbeiteten	gingen	fuhren	flogen	gaben	wurden

Einige unregelmäßige Verben haben die gleichen Endungen wie regelmäßige Verben:

bringen – brachte
denken – dachte
kennen – kannte
nennen – nannte
wissen – wusste

Sie finden eine Liste mit allen unregelmäßigen Verben aus Pluspunkt Deutsch unter „Anhang" im Kursbuch.

Das Perfekt: *haben/sein* + Partizip II

Für die meisten Verben benutzt man in der Vergangenheit das Perfekt.

Wann	sind	Sie nach Deutschland	gekommen?
Ich	bin	2002 nach Deutschland	gekommen.
Was	haben	Sie am Wochenende	gemacht?
Wir	haben	am Samstag auf dem Markt	eingekauft.

Das Perfekt: Bildung der Partizipien

Partizipien mit *ge-*

	„normale" Verben	trennbare Verben
regelmäßig (Endung „t")	ge …(e)t spielen – hat gespielt arbeiten – hat gearbeitet kaufen – hat gekauft	…ge…(e)t mitspielen – hat mitgespielt ausschalten – hat ausgeschaltet einkaufen – hat eingekauft
unregelmäßig (Endung „en")	ge…en kommen – ist gekommen geben – hat gegeben sehen – hat gesehen	…ge…en ankommen – ist angekommen aufgeben – hat aufgegeben fernsehen – hat ferngesehen

Partizipien ohne *ge-*

	Verben mit den Präfixen *be-, emp-, ent-, er-, ge-, ver-, zer-*	Verben auf *-ieren*
regelmäßig (Endung „t")	…t bezahlen – hat bezahlt erzählen – hat erzählt entschuldigen – hat entschuldigt gehören – hat gehört	…t installieren – hat installiert reparieren – hat repariert reservieren – hat reserviert transportieren – hat transportiert
unregelmäßig (Endung „en")	…en bekommen – hat bekommen behalten – hat behalten gefallen – hat gefallen verstehen - hat verstanden	

Die unregelmäßigen Partizipien (gegangen, gefahren …) finden Sie im Kursbuch (Gesamtband) ab Seite 234.

Grammatik im Überblick

Das Perfekt: *sein* oder *haben*?

Die meisten Verben bilden das Perfekt mit *haben*: ich habe gemacht, ich habe gelernt, ich habe gearbeitet …

Verben der Bewegung von A nach B oder Verben der Veränderung bilden das Perfekt mit *sein*.

Bewegungsverben von A nach B	Zustandsveränderung
A ──► B gehen: ist gegangen	👁 ──► 😑 einschlafen: ist eingeschlafen

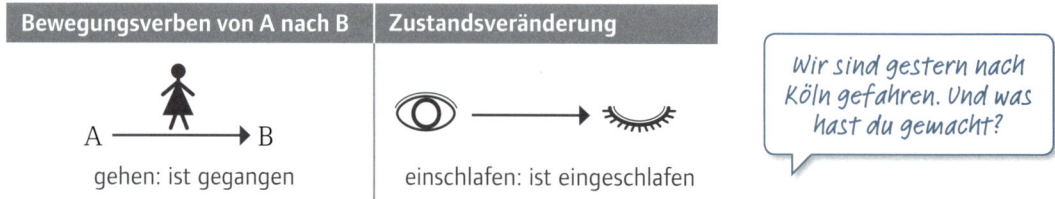
Wir sind gestern nach Köln gefahren. Und was hast du gemacht?

weitere Bewegungsverben:
abbiegen, abfahren, kommen, ankommen, fahren, fliegen, joggen, laufen, reisen, rennen, schwimmen, umsteigen, umziehen, …

⚠ Verben, die keine Bewegungsverben sind, aber das Perfekt mit *sein* bilden:
sein, ist gewesen - bleiben, ist geblieben

Plusquamperfekt

Das Plusquamperfekt bildet man mit dem Präteritum von *haben* oder *sein* + Partizip II des Verbs. Es wird häufiger in der geschriebenen Sprache gebraucht.

	Prät. von haben/sein		Partizip II
Sie	hatte	das Abitur	gemacht.
Sie	haben	gemeinsam zu Abend	gegessen.

Was ist passiert? (Präteritum/Perfekt)
Sie begann ein Studium.
Sie haben gemeinsam zu Abend gegessen.

Was war vorher passiert? (Plusquamperfekt)
Sie hatte das Abitur gemacht.
Er war gekommen.

Sie hatte das Abitur gemacht. Danach begann sie ein Studium in Ulm.
Nachdem Sie das Abitur gemacht hatte, begann Sie ein Studium.
Nachdem er gekommen war, haben sie gemeinsam zu Abend gegessen.

Passiv Präteritum und Passiv Perfekt

Aktiv Präteritum: Der Mechaniker prüfte den Motor.
→ Passiv Präteritum: Der Motor wurde (von dem Mechaniker) geprüft.

Aktiv Perfekt: Der Mechaniker hat den Motor geprüft.
→ Passiv Perfekt: Der Motor ist (von dem Mechaniker) geprüft worden.

Das Passiv Perfekt bildet man mit *sein* + Partizip des Vollverbs + *worden*.

3 Verben in der Zukunft: Futur I

Ich werde im Herbst eine Ausbildung zum Koch beginnen.
Es wird in Deutschland weniger regnen.
Die Migranten werden vor allem in die großen Städte ziehen.

	werden
ich	werde
du	wirst
er/sie/es	wird
wir	werden
ihr	werdet
sie/Sie	werden

Das Futur I bildet man mit *werden* + Infinitiv. Man verwendet es oft für Prognosen und Versprechen.

Für Vermutungen, das heißt nicht sichere Aussagen, benutzt man oft die Wörter *vielleicht*, *wahrscheinlich*, *eventuell* und *wohl*.

Wahrscheinlich wird es am Wochenende regnen.

Am Wochenende wird es wahrscheinlich regnen.
In der Alltagssprache, vor allem mündlich, benutzt man oft das Präsens, wenn man über die Zukunft spricht:

Morgen schreiben wir einen Test.
Nächstes Jahr fahre ich zu meiner Schwester nach Österreich.

4 Partizip I

Das Partizip I bildet man mit dem Infinitiv + *d*:
parken → parkend
spielen → spielend

Man benutzt das Partizip I wie ein Adjektiv + Endung:
Autos, die parken → parkende Autos
ein Kind, das spielt → ein spielendes Kind

5 Artikel und Nomen

Artikel im Nominativ

	m (maskulin)		n (neutrum)		f (feminin)		Pl (Plural)	
bestimmter Artikel	der		das		die		die	
unbestimmter Artikel	ein		ein		eine		–	
Negativartikel	kein	Mann	kein	Auto	keine	Frau	keine	Kinder
Possessivartikel	mein		mein		meine		meine	
Demonstrativartikel	dieser		dieses		diese		diese	

Das sind meine Kinder.

Der Mann heißt Arno.

Grammatik im Überblick

Artikel im Akkusativ

	m (maskulin)		n (neutrum)		f (feminin)		Pl (Plural)	
bestimmter Artikel	den		das		die		die	
unbestimmter Artikel	einen		ein		eine		–	
Negativartikel	keinen	Mann	kein	Auto	keine	Frau	keine	Kinder
Possessivartikel	meinen		mein		meine		meine	
Demonstrativartikel	diesen		dieses		diese		diese	

Lerntipp
Lernen Sie im Akkusativ nur das *-en* im maskulin, alles andere ist wie im Nominativ.

Ich kenne den Mann nicht.

Ich habe keinen Computer.

Artikel im Dativ

	m (maskulin)		n (neutrum)		f (feminin)		Pl (Plural)	
bestimmter Artikel	dem		dem		der		den	
unbestimmter Artikel	einem		einem		einer		–	
Negativartikel	keinem	Mann	keinem	Auto	keiner	Frau	keinen	Kindern
Possessivartikel	meinem		meinem		meiner		meinen	
Demonstrativartikel	diesem		diesem		dieser		diesen	

Das Nomen hat im Dativ Plural immer die Endung *-n*: Wie spielen mit den Kinder**n**.
⚠ Ausnahme: Nomen mit s-Plural: die Autos – mit den Autos.

Artikel im Genitiv

	m (maskulin)		n (neutrum)		f (feminin)		Pl (Plural)	
bestimmter Artikel	des		des		der		der	
unbestimmter Artikel	eines		eines		einer		–	
Negativartikel	keines	Vaters	keines	Autos	keiner	Frau	keiner	Kinder
Possessivartikel	meines		meines		meiner		meiner	
Demonstrativartikel	dieses		dieses		dieser		dieser	

N-Deklination

Nur maskuline Nomen gehören zur N-Deklination. Sie haben im Plural sowie im Akkusativ, Dativ und Genitiv die Endung -(e)n:

der/ein Kunde (m)
→ den/einen Kunden → des/eines Kunden
→ dem/einem Kunden → die/- Kunden

Die meisten Nomen der N-Deklination enden im Nominativ auf *-e* (Name, Kunde, Experte) oder auf *-t / -and / -ant / -ent / -ist* (Kandidat, Doktorand, Praktikant, Student, Tourist)
Zu den Nomen der N-Deklination gehören auch: Herr, Nachbar, Mensch, Pilot, Fotograf, Bauer

Diminutiv

der Hund → das Hündchen   die Katze → das Kätzchen   das Pferd → das Pferdchen

Plural und Singular sind im Diminutiv gleich: das Hündchen → die Hündchen

Possessivartikel

	m (maskulin)		n (neutrum)		f (feminin)		Pl (Plural)	
ich	mein		mein		meine		meine	
du	dein		dein		deine		deine	
er/es/man	sein		sein		seine		seine	
sie	ihr	Sohn	ihr	Haus	ihre	Tochter	ihre	Kinder
wir	unser		unser		unsere		unsere	
ihr	euer		euer		eure		eure	
sie (Pl.)	ihr		ihr		ihre		ihre	
Sie	Ihr		Ihr		Ihre		Ihre	

Das Fragewort *welch-*

	m (maskulin)	n (neutrum)	f (feminin)	Pl (Plural)
Nominativ	welcher Zug	welches Auto	welche U-Bahn	welche Fahrräder
Akkusativ	welchen Zug	welches Auto	welche U-Bahn	welche Fahrräder
Dativ	welchem Zug	welchem Auto	welcher U-Bahn	welchen Fahrrädern

Welchen Zug nehmen Sie? — *Diesen Zug.*

Mit welchem Zug sind Sie gekommen? — *Mit diesem hier.*

> **Lerntipp**
> der Zug → welcher Zug, dieser Zug
> Die Endungen von *welch–* und *dies–* sind wie beim bestimmten Artikel.

Der Demonstrativartikel *dies-*

	m (maskulin)	n (neutrum)	f (feminin)	Pl (Plural)
Nominativ	dieser Zug	dieses Auto	diese U-Bahn	diese Fahrräder
Akkusativ	diesen Zug	dieses Auto	diese U-Bahn	diese Fahrräder
Dativ	diesem Zug	diesem Auto	dieser U-Bahn	diesen Fahrrädern

Grammatik im Überblick

Das Fragewort *was für ein-*

	m (maskulin)	n (neutrum)	f (feminin)	Pl (Plural)
Nominativ	Was für ein Mantel?	Was für ein Kleid?	Was für eine Jacke?	Was für Schuhe?
Akkusativ	Was für einen Mantel?	Was für ein Kleid?	Was für eine Jacke?	Was für Schuhe?
Dativ	Mit was für einem Mantel?	Mit was für einem Kleid?	Mit was für einer Jacke?	Mit was für Schuhen?

Was für einen Anzug hast du auf der Hochzeit getragen?

Einen schwarzen Anzug.

Der Plural von Nomen

	Singular	Plural		Singular	Plural
-e	der Tisch	die Tische	-	der Computer	die Computer
-e (+ Umlaut)	der Stuhl	die Stühle	-(+ Umlaut)	der Vater	die Väter
-en	die Zahl	die Zahlen	-s	das Auto	die Autos
-n	die Tasche	die Taschen	-er	das Kind	die Kinder
-nen	die Lehrerin	die Lehrerinnen	-er (+ Umlaut)	das Haus	die Häuser

Lerntipp
Lernen Sie die Nomen immer mit Plural.

Wie viele Stühle sind im Kursraum?

Es sind 10 Stühle und 5 Tische.

6 Pronomen

Personalpronomen

Nominativ	Akkusativ	Dativ
ich	mich	mir
du	dich	dir
er	ihn	ihm
es	es	ihm
sie	sie	ihr
wir	uns	uns
ihr	euch	euch
sie	sie	ihnen
Sie	Sie	Ihnen

Können Sie mir bitte helfen?

Ja, gerne, ich rufe Sie morgen an.

Artikel und Pronomen

Der Schrank ist alt. Er ist alt.
Das Bett ist klein. Es ist klein.
Die Küche ist modern. Sie ist modern.
Die Blumen sind schön. Sie sind schön.

Das unpersönliche Pronomen *man*

Mit *man* steht das Verb in der 3. Person Singular.

> Wie schreibt man das?

> Hier kann man Geld wechseln.

Artikel als Pronomen

Wie finden Sie den blauen Anzug?   Der ist nicht schlecht. Den nehme ich.
Wie finden Sie das rote Kleid?   Das ist sehr elegant. Das nehme ich.
Wie gefällt Ihnen die Bluse?   Die ist zu kurz. Die nehme ich nicht.
Wie gefallen Ihnen die Schuhe?   Die sind gut. Die kaufe ich.

Das Pronomen *es*

In vielen Ausdrücken benutzt man das Pronomen *es*. Das *es* hat in diesen Ausdrücken keine Bedeutung.

Wetterwörter	andere Ausdrücke
Es regnet. / Es schneit.	Wie geht es Ihnen?
Heute ist es kalt. / Es ist windig.	Danke, es geht mir gut.
Es ist bewölkt.	Hier gibt es einen Park.

Reflexivpronomen

	Akkusativ	Dativ
ich	mich	mir
du	dich	dir
er/es/sie/man	sich	sich
wir	uns	uns
ihr	euch	euch

> Guten Tag, ich möchte mich vorstellen. Mein Name ist ...

> Wir haben uns im Sportkurs kennengelernt und uns sofort verliebt.

Ich freue mich.
Ich wünsche mir ein neues Smartphone.
Ich wasche mich.   Ich wasche mir die Hände.

Relativpronomen

	m (maskulin)	n (neutrum)	f (feminin)	Pl (Plural)
Nominativ	der	das	die	die
Akkusativ	den	das	die	die
Dativ	dem	dem	der	denen

⚠️ Nur der Dativ Plural ist neu. Alle anderen Formen sind wie der definite Artikel.

Kennst du ein Café, **das** in der Nähe ist?
Ein Smartphone ist ein Ding, mit **dem** man telefonieren, Nachrichten schicken und im Internet surfen kann.

Grammatik im Überblick

Derselbe, dieselbe, dasselbe und *dieselben*

	m (maskulin)	n (neutrum)	f (feminin)	Pl (Plural)
Nominativ	derselbe	dasselbe	dieselbe	dieselben
Akkusativ	denselben	dasselbe	dieselbe	dieselben
Dativ	demselben	demselben	derselben	denselben

Familie Schmidt verbringt ihren Sommerurlaub immer auf Sylt. Sie fährt jedes Jahr auf dieselbe Insel.

7 Adjektive

Adjektive nach dem Nomen (prädikativ)

Adjektive nach dem Nomen haben keine Endung.

Der Schrank ist neu. Ich finde den Schrank schön.
Das Sofa ist alt. Ich finde das Sofa langweilig.

Adjektive vor dem Nomen (attributiv)

Zwischen Artikel und Nomen haben Adjektive eine Endung (mindestens ein *-e*).

	m (maskulin)	n (neutrum)	f (feminin)	Pl (Plural)
Nominativ	grauer Anzug der graue Anzug ein grauer Anzug kein grauer Anzug	blaues Hemd das blaue Hemd ein blaues Hemd kein blaues Hemd	rote Bluse die rote Bluse eine rote Bluse keine rote Bluse	die braunen Schuhe - braune Schuhe keine braunen Schuhe
Akkusativ	grauen Anzug den grauen Anzug einen grauen Anzug keinen grauen Anzug	blaues Hemd das blaue Hemd ein blaues Hemd kein blaues Hemd	rote Bluse die rote Bluse eine rote Bluse keine rote Bluse	die braunen Schuhe - braune Schuhe keine braunen Schuhe
Dativ	grauem Anzug dem grauen Anzug einem grauen Anzug keinem grauen Anzug	blauem Hemd dem blauen Hemd einem blauen Hemd keinem blauen Hemd	roter Bluse der roten Bluse einer roten Bluse keiner roten Bluse	den braunen Schuhen - braunen Schuhe keinen braunen Schuhen

⚠ Gleiche Endung bei *ein* und *kein* im Singular: ein blaues Hemd = kein blaues Hemd.
Im Plural unterschiedliche Endung: - braune Schuhe = keine braunen Schuhe

Lerntipp
das weiße Kleid   ein weißes Kleid

Der graue Anzug ist nicht so elegant.

Er trägt ein blaues Hemd.

Nomen, die man wie Adjektive dekliniert

	Nominativ	Akkusativ	Dativ
m (maskulin)	der Vorsitzende ein Vorsitzender	den Vorsitzenden einen Vorsitzenden	dem Vorsitzenden einem Vorsitzenden
f (feminin)	die Vorsitzende eine Vorsitzende	die Vorsitzende eine Vorsitzende	der Vorsitzenden einer Vorsitzenden
Pl (Plural)	die Vorsitzenden - Vorsitzende	die Vorsitzenden - Vorsitzende	den Vorsitzenden - Vorsitzenden

Adjektive im Komparativ und Superlativ

Adjektiv + -er/-sten	Adjektiv + Umlaut + -er/-sten	Ausnahmen
hell – heller – am hellsten interessant – interessanter – am interessantesten schnell – schneller – am schnellsten langsam – langsamer – am langsamsten schön – schöner – am schönsten	groß – größer – am größten kalt – kälter – am kältesten warm – wärmer – am wärmsten kurz – kürzer – am kürzesten lang – länger – am längsten	gern – lieber – am liebsten gut – besser – am besten viel – mehr – am meisten

Einsilbige Adjektive mit o, u oder a im Stamm haben im Komparativ und Superlativ meistens einen Umlaut:
lang → länger, gesund → gesünder

> Istanbul ist größer als London.

Nach *t, d, s, (sch), x* und *z* ist die Endung im Superlativ *-esten*:
kurz → am kürzesten

Adjektive im Superlativ werden vor dem Nomen dekliniert:
Die SPD war bisher am stärksten. → Die SPD war bisher die stärkste Partei.

8 Präpositionen

Temporale Präpositionen (Zeit): *am, um, im, vor, nach, seit, bis, von ... bis*

am	Wochentag/Tagesabschnitt	am Montag, am Vormittag, ⚠ in der Nacht
um	Uhrzeit	um 8 Uhr, um halb 10, um 13 Uhr 30 Der Film beginnt um 20 Uhr.
im	Monat, Jahreszeit, Jahr	Im Juli ist es in Deutschland oft warm.
vor	• |	Es ist jetzt Viertel vor acht. Sie bringt vor der Arbeit die Kinder zur Kita.
nach	| •	Es ist zehn nach acht. Nach der Arbeit geht er einkaufen.
seit	• →	Sie sind schon seit fünf Jahren in Frankfurt.
bis	→ •	Der Film geht bis 22 Uhr.
von ... bis	• → •	Der Film geht von 20 Uhr bis 22 Uhr.

Grammatik im Überblick

Lokale Präpositionen (Ort): *in, bei, nach, zu, aus, von*

in	Wo?	**In** Berlin gibt es viele Sehenswürdigkeiten.
bei		Ich bin **beim** Friseur.
nach	Wohin?	Ich fahre gern **nach** Berlin.
zu		Ich gehe **zum** Bahnhof.
aus	Woher?	Er kommt **aus** Italien.
von		Sie kommt heute spät **von** der Arbeit.

Präpositionen mit Dativ: *aus, bei, mit, nach, seit, von, zu, vor (temporal)*

aus: Ich gehe jeden Morgen um 8 Uhr **aus dem** Haus.
bei: Ich wohne **bei meinen** Eltern.
mit: Ich fahre **mit dem** Bus.
nach: **Nach dem** Deutschkurs möchte ich eine Arbeit suchen.

seit: Ich bin schon **seit einem** Jahr in Deutschland.
von: **Von der** Haltestelle muss ich noch 5 Minuten zu Fuß gehen.
zu: Ich fahre **zur** Sprachschule.
vor: **Vor dem** Deutschkurs gehe ich joggen.

bei de**m** = bei**m**   von de**m** = vo**m**   zu de**m** = zu**m**   zu de**r** = zu**r**

Präpositionen mit Akkusativ: *für, um, durch, ohne*

für: Sie brauchen **für den** Antrag einen Pass und ein Foto.
um: Man kann sehr gut **um den** Schluchsee wandern.
durch: Der Zug fährt **durch den** Tunnel.
ohne: Sie trinkt den Kaffee **ohne** Zucker.

⚠ *Ohne* verwendet man meistens ohne Artikel.

Wechselpräpositionen mit Akkusativ und Dativ: *in, an, auf, hinter, vor, über, unter, neben, zwischen*

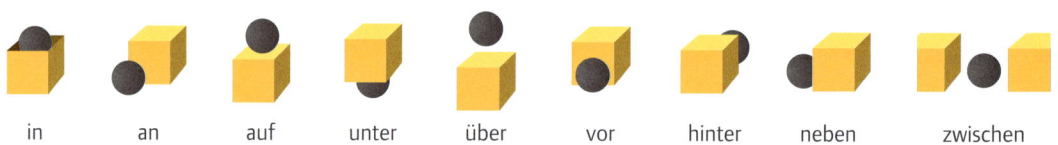

in   an   auf   unter   über   vor   hinter   neben   zwischen

Wohin? → Präpositionen mit Akkusativ		Wo? → Präpositionen mit Dativ	
in den Wald	in das = ins	im Wald	in dem = im
in das Restaurant	an das = ans	im Restaurant	an dem = am
in die Stadt		in der Stadt	
in die Geschäfte		in den Geschäften	

Sie geht **in die** Bäckerei.
Der Bus fährt langsam **an die** Haltestelle.
Sie gehen **auf die** Straße.
Wir gehen **unter den** Baum.
Wir gehen **über den** Platz.
Wir stellen die Mülltonnen **vor das** Haus.
Wir stellen unsere Fahrräder **hinter das** Café.
Ich stelle den Kinderwagen **neben die** Tür.

In der Bäckerei sind viele Leute.
Der Bus steht **an der** Haltestelle.
Auf der Straße fahren viele Autos.
Unter dem Baum steht eine Bank.
Über dem Platz fliegen viele Vögel.
Die Mülltonnen stehen heute **vor dem** Haus.
Hinter dem Café ist ein Hof.
Der Kinderwagen steht **neben der** Tür.

Präpositionen mit Genitiv: *außerhalb, innerhalb, wegen, während*

außerhalb: Ich wohne außerhalb der Stadt.
innerhalb: Er will die Prüfung innerhalb eines Jahres schaffen.
wegen: Er muss wegen der Prüfung viel lernen.
während: Ich habe meine Frau während des Studiums kennengelernt.

Verben mit Präpositionen

Sie warten schon zehn Minuten auf den Bus.
Er möchte gerne an einem Fortbildungskurs teilnehmen.
Ich interessiere mich sehr für Frauenfußball.

Eine Liste mit den Verben mit Präpositionen finden Sie im Kursbuch im Anhang.

Fragewörter und Pronomen bei Verben mit Präpositionen

Fragen nach Sachen

- **Wofür** interessierst du dich?
- Ich interessiere mich für Frauenfußball.
- Ah, dafür interessiere ich mich auch.

- **Woran** denkst du?
- Ans Wochenende.
- Daran denke ich noch nicht.

Das Fragewort besteht aus „wo"+ Präposition: wovon, womit, wofür …
Wenn die Präposition mit einem Vokal beginnt ergänzt man ein „r": worauf, worüber …

Fragen nach Personen

Wenn man nach Personen fragt, benutzt man die Präposition + Fragewort für Personen im Akkusativ: Über wen?, Für wen?, Auf wen? …
oder Dativ: Mit wem?, Von wem?, Zu wem? …

- **Über wen** sprecht ihr gerade?
- Über die nette Nachbarin.

- **Mit wem** bist du ins Kino gegangen?
- Mit meiner Schwester.

Präpositionen *mit/für/gegen/in/… + einander*

Lena ist für Sabine da. Sabine ist für Lena da. → Sie sind füreinander da.

9 Wortbildung

Komposita

die Dame + der Mantel → der Damenmantel
der Sommer + das Kleid → das Sommerkleid

> Ich suche Herrenschuhe und Geschenkartikel.

Das letzte Wort in Komposita bestimmt den Artikel.
Der Wortakzent ist (fast) immer auf dem ersten Wort.

Grammatik im Überblick

Das Datum – Ordinalzahlen

1–19 + ten
am 1. – am **ersten**
am 2. – am zwei**ten**
am 3. – am **dritten**
am 4. – am vier**ten**
am 5. – am fünf**ten**
am 6 – am sechs**ten**
am 7. – am **siebten**
am 8. – am ach**ten**
am 9. – am neun**ten**
am 10. – am zehn**ten**
am 16. – am **sechzehnten**
am 19. – am neunzehn**ten**

20 + sten
am 20. – am zwanzig**sten**
am 21. – am einundzwanzig**sten**
am 22. – am zweiundzwanzig**sten**
am 30. – am dreißig**sten**

• Wann sind Sie geboren?
• Am 5.3.1987. (Am fünften Dritten neunzehnhundertsiebenundachtzig.)
• Welcher Tag ist heute?
• Heute ist der 3.10. (Heute ist der dritte Zehnte.)

Adjektive mit *-los* und *-un*

ohne Arbeit	=	arbeits**los**
ohne Erfolg	=	erfolg**los**
ohne Chancen	=	chancen**los**

nicht gewöhnlich	=	**un**gewöhnlich
nicht sicher	=	**un**sicher
nicht zufrieden	=	**un**zufrieden

10 Wörter im Satz

Sätze und W-Fragen

Das konjugierte Verb steht immer auf Position 2.

	Position 2	
Woher	kommen	Sie?
Ich	komme	aus Costa Rica.
Wie	heißt	Ihr Sohn?
Er	heißt	Lukas.
Was	sind	Sie von Beruf?
Ich	bin	Lehrerin.

	Position 2	
Am Wochenende	besuche	ich meine Freunde.
Ich	besuche	**am Wochenende** meine Freunde.
Dann	machen	wir eine Radtour.
Wir	machen	**dann** eine Radtour.

Ja/Nein-Fragen (Satzfragen)

Kommen	Sie aus München?
Haben	Sie morgen Zeit?
Möchtest	du einen Kaffee?
Kennt	ihr Berlin?

Satzklammer: Trennbare Verben, Modalverben und Perfekt

Trennbare Verben

Das konjugierte Verb steht auf Position 2, der andere Verbteil (Präfix, Infinitiv, Partizip) steht am Satzende.

Wann	holst	du die Kinder vom Kindergarten	ab?
Ich	hole	sie am Nachmittag	ab.

Modalverben

Frau Stein	muss	am Morgen früh	aufstehen.
Frau Deck	will	am Wochenende nicht	arbeiten.

Perfekt

Früher	habe	ich in der Stadt	gewohnt.
Früher	bin	ich oft nach Köln	gefahren.

Ja - Nein - Doch

Hast du Zeit?
- 🙂 Ja, natürlich.
- 🙁 Nein, leider nicht.

Hast du **keine** Zeit?
- 🙂 **Doch**, ich habe Zeit.
- 🙁 Nein, ich habe keine Zeit.

Kommst du **nicht** mit?
- 🙂 **Doch**, ich komme mit.
- 🙁 Nein, ich kann leider nicht mitkommen.

Vergleichssätze

≠ Komparativ + *als*
In Deutschland ist es im Sommer wärm**er als** im Winter.

= *genauso* + Adjektiv + *wie*
In Lübeck regnet es **genauso** viel **wie** in Bremen.

einhundertdreiundachtzig 183

Grammatik im Überblick

Verneinung mit *nicht* oder *kein*

ein → *kein*	Ich habe **einen** Tisch / **ein** Sofa / **eine** Waschmaschine / Stühle.
	Ich habe **keinen** Tisch / **kein** Sofa / **keine** Waschmaschine / **keine** Stühle.
⚠ Auch *kein* bei:	Ich habe **kein** Geld / **keine** Zeit / **keine** Lust.
	Ich mag **keinen** Kaffee / **keinen** Käse.
Sonst immer *nicht*:	Heute kommt er. Morgen kommt er **nicht**.
	Sie isst gern Käse. Sie isst **nicht** gern Käse.
	Ich arbeite viel. Ich arbeite **nicht** viel.

Verben und Ergänzungen

Verben mit Nominativ und Akkusativ

Es gibt viele Verben mit Nominativ und Akkusativ: brauchen, sehen, nehmen, besichtigen, möchten, …

Verben mit Nominativ, Dativ und Akkusativ

Es gibt viele Verben mit Nominativ, Akkusativ und Dativ: bringen, schenken, holen, erklären, mitbringen, zeigen, geben …

Verben mit Nominativ und Dativ

Es gibt nur wenige Verben mit Nominativ und Dativ: danken, gehören, gefallen, …

Ein Verb mit Nominativ und Nominativ

Verben mit Präpositionen

Eine Liste mit den Verben mit Präpositionen finden Sie im Kursbuch im Anhang.

Sätze verbinden mit *aber – denn – und – oder*

	0	1	2	
Heute habe ich keine Zeit,	aber	morgen	komme	ich gerne.
Ich möchte ins Kino gehen,	denn	ich	möchte	den neuen James-Bond-Film sehen.
Heute sehen wir den James-Bond-Film	und	morgen	gehen	wir in die Disco.
Kommst du auch mit	oder		musst	du noch arbeiten?

Sätze verbinden mit *deshalb* und *trotzdem*

Peter hat den ganzen Tag gearbeitet. Deshalb will er sich ausruhen.
Peter kümmert sich nicht um den Haushalt. Deshalb ärgert sich Eva.
Der Mann hat einen Einkaufszettel. Trotzdem hat er nicht alles eingekauft.
Die Kinder streiten sich ständig. Trotzdem bleiben die Eltern ruhig.

Sätze verbinden mit *(an)statt* + *zu* + Infinitiv und *nicht…sondern*

Herr Murks hört seinen Gesprächspartnern nicht zu, sondern redet ohne Pause.
Anstatt seinen Gesprächspartnern zuzuhören, redet Herr Murks ohne Pause.

Sätze verbinden mit Doppelkonjunktionen

Nicht nur …, sondern auch

Mit *nicht nur …, sondern auch* und mit *sowohl … als auch* zählt man Sachen auf:

Er trinkt zum Frühstück Saft. Er trinkt zum Frühstück auch Kaffee.

→ Er trinkt nicht nur Saft, sondern auch Kaffee zum Frühstück. (Er trinkt beides. Das 2. ist betont.)
→ Er trinkt sowohl Saft als auch Kaffee zum Frühstück. (Er trinkt beides.)

Weder … noch

Mit *weder … noch* kann man etwas negieren:

Sie trinkt zum Frühstück keinen Saft. Sie trinkt zum Frühstück auch keinen Kaffee.
→ Sie trinkt weder Saft noch Kaffee zum Frühstück. (Sie trinkt beides nicht.)

Entweder … oder

Entweder … oder bezeichnet Alternativen oder Möglichkeiten:

Er trinkt zum Frühstück Kaffee. Manchmal trinkt er zum Frühstück aber auch Tee.
→ Er trinkt entweder Kaffee oder Tee zum Frühstück. (Kaffee oder Tee)

Grammatik im Überblick

Je ... desto

Je ... desto benutzt man für Vergleiche:

→ *Je* weniger Autos fahren, *desto* ruhiger ist das Leben in der Stadt.

Nach *je* und *desto* steht immer ein Komparativ.
Nach *je* kommt ein Nebensatz, nach *desto* ein Hauptsatz.

Nebensätze

Im Nebensatz steht das konjugierte Verb immer am Ende. Trennbare Verben stehen zusammen am Satzende.

Nebensätze mit *weil*

Er findet das Internet praktisch,	weil	man viele Informationen	bekommt.
Sie findet das Internet nützlich,	weil	man viele Filme sehen	kann.

Nebensätze mit *dass*

Ich finde,	dass	es viele gute Fernsehsendungen	gibt.
Ich meine,	dass	Kinder im Fernsehen viel lernen	können.
Ich bin dagegen,	dass	Kinder viel	fernsehen.

Nebensätze mit *wenn*

Was machen Sie,	wenn	das Wetter schlecht	ist?
Ich sehe fern,	wenn	das Wetter schlecht	ist.

Nebensätze mit *damit* und Satzverbindungen mit *um...zu* + Infinitiv

Er macht einen Computerkurs,	damit	er bessere Chancen auf dem Arbeitsmarkt	hat.
Er macht einen Computerkurs,	um	bessere Chancen auf dem Arbeitsmarkt	zu haben.
Sie stellt den Wecker,	damit	sie nicht zu spät	kommt.
Sie stellt den Wecker,	um	nicht zu spät	zu kommen.
Seine Frau hat ihm eine Krawatte gekauft,	damit	er gut	aussieht.

Nebensätze mit *obwohl*

Obwohl	es hier manchmal laut und hektisch ist,	bin ich	mit Beates Familie sehr glücklich.
Obwohl	wir jetzt Rentner sind,	sind wir	noch sehr aktiv.

Temporale Nebensätze

mit *als* und *wenn*

Einmaliges Ereignis in der Vergangenheit: *als*

Als ich sechs Jahre alt war, bin ich in die Schule gekommen.

Mehrmaliges Ereignis in der Vergangenheit: *wenn*
Ereignisse in der Gegenwart und Zukunft: *wenn*

Wenn das Wetter gut war, bin ich schwimmen gegangen.
Immer wenn ich in München bin, gehe ich in den Englischen Garten.
Wenn wir nächste Woche im Urlaub sind, passen unsere Nachbarn auf unsere Katze auf.

mit *bevor*

Bevor er die Bewerbung schreibt, liest er die Stellenanzeigen.
Bevor sie frühstücken, macht er Kaffee.

mit *während*

Während er Stellenanzeigen liest, macht er Notizen.
Während sie frühstücken, sprechen sie miteinander.

mit *nachdem*

Nachdem er die Bewerbung geschrieben hat, sortiert er die Bewerbungsunterlagen.
Nachdem sie gefrühstückt haben, geht er zur Arbeit.

mit *seit* und *seitdem*

Seit(dem) er mehr Fahrrad fährt, fühlt er sich gesünder.
Seit(dem) Familie Müller weniger Energie verbraucht, spart sie Geld.

Indirekte Fragen

W-Frage	Weißt du,	wo	der Brief	ist?
	Weißt du,	wann	der Chef	kommt?
Ja/Nein-Frage	Können Sie mir sagen,	ob	die Stelle noch frei	ist?

Nebensatz vor Hauptsatz

Wenn	Maximilian sehr viel	lernt,	(dann) kann er ein sehr gutes Abitur bekommen.
Wenn	ich morgen Zeit	habe,	komme ich gerne.

Grammatik im Überblick

Relativsätze

Ich suche ein Restaurant,	das	in der Nähe vom Bahnhof	liegt.
Wo ist der Schlüssel,	den	ich auf den Tisch	gelegt habe.
Es gibt ungefähr 600.000 Vereine,	in denen	viele Menschen aktiv	sind.

Der Relativsatz steht immer in der Nähe vom Bezugswort. Manchmal auch mitten im Satz:

Die sozialen Vereine, für die sich viele Menschen engagieren, helfen Menschen.
     Bezugswort   *Relativsatz*

Relativsätze mit *was* und *wo*

Das Relativpronomen *was* bezieht sich auf einen ganzen Satz:

Ihr Test war gut, was sie freute.

Das Relativpronomen *wo* bezieht sich auf Ortsangaben:

Sie hat in Hamburg studiert, wo sie auch ihre erste Arbeit gefunden hat.

Notizen

Hörtexte

7 Reisen und Verkehr

7

1. Und noch eine Meldung von der A4: Wegen eines Unfalls ist die A4 zwischen Stadtroda und Jena-Zentrum in beiden Fahrtrichtungen gesperrt. Eine Umleitung ist ausgeschildert. Das waren die Verkehrsmeldungen.
2. Sehr geehrte Fahrgäste. Bitte beachten Sie: Zwischen Samstag 6.00 Uhr und Montag 6.00 Uhr gibt es wegen Bauarbeiten zwischen Lahr und Offenburg keinen Zugverkehr. In dieser Zeit gibt es einen Schienenersatzverkehr mit Bussen.
3. Meine Damen und Herren auf Gleis 12. Willkommen in Nürnberg Hauptbahnhof. Dieser Zug endet hier. Ihre nächsten Reisemöglichkeiten: S-Bahn nach Lauf, Abfahrt 10.57 Uhr von Gleis 2. Intercity Express 722 nach Essen, Abfahrt 11.00 Uhr von Gleis 6, Intercity Express 527 nach Garmisch-Partenkirchen, Abfahrt 11.02 Uhr von Gleis 8.
4. Sehr geehrte Fahrgäste. Wie Sie gemerkt haben, kann ich die Türen an diesem Bus nicht mehr schließen. Bitte steigen Sie hier aus und nehmen Sie den nächsten Bus. Er kommt in 15 Minuten.

9

- Ich möchte mein Auto kontrollieren lassen.
- Gab es mit dem Auto in letzter Zeit Probleme?
- Nein, aber ich plane eine lange Autoreise.
- Gut, dann machen wir die normalen Kontrollen.
- Was bedeutet das?
- Wir kontrollieren zum Beispiel den Ölstand und die Bremsen und ob es Probleme am Motor gibt.
- Sagen Sie, wird das teuer?
- Nein, wenn alles in Ordnung ist, bezahlen Sie 59 Euro.
- Gut, und wann kann ich das Auto abholen?
- Heute Abend um 18 Uhr ist es fertig.

19a+b

- Wann kommt eigentlich dein neues Auto, Fernando?
- Es wird in zwei Wochen geliefert, aber ich weiß noch nicht, welche Versicherung ich nehmen soll.
- Was ist das Problem?
- Na ja, Luis, du weißt ja, dass die Tarife für die Haftpflichtversicherung sehr unterschiedlich sind. Die eine Haftpflichtversicherung kostet 1 200 Euro pro Jahr, die andere nur 800. Ich bin aber nicht sicher, ob sie wirklich gleich gut sind. Und wenn ich eine Kaskoversicherung dazunehme, wird es noch viel teurer.
- Aber du kaufst doch einen Neuwagen! Da ist eine Vollkaskoversicherung sicher nicht falsch. Was wäre zum Beispiel, wenn du mit dem Auto schon nach wenigen Tagen einen Unfall verursachst? Die Kfz-Haftpflichtversicherung bezahlt dann nur den Schaden der anderen Partei. Du würdest dann schnell mehrere zehntausend Euro verlieren.
- Ja, das ist richtig. Ich ärgere mich jetzt, dass ich einen Neuwagen und keinen Gebrauchtwagen gekauft habe. Dann wäre eine Kaskoversicherung nicht so wichtig, und das Auto wäre natürlich auch nicht so teuer.
- Ich denke, dass es richtig war, dass ich vor einem halben Jahr ein Auto gekauft habe, das vier Jahre alt ist. So habe ich das Auto viel billiger bekommen, und ich habe auch nur eine Teilkaskoversicherung genommen. Für ein vier Jahre altes Auto wäre eine Vollkaskoversicherung einfach zu teuer. Das Auto ist nur 32 000 Kilometer gefahren, der Motor ist also immer noch gut. Und die Kfz-Steuer ist auch nicht so hoch.
- Bei mir auch nicht. Fährt dein Auto übrigens mit Diesel oder mit Benzin?
- Mein Auto fährt mit Diesel. Aber ich weiß, dass das auch nicht so gut für die Umwelt ist, genauso wie Benzin.
- Ich habe auch einen Diesel und ich finde gut, dass er weniger verbraucht als ein Benziner, denn so kann ich Geld sparen.
- Aber ich habe noch eine andere Frage, Fernando. Warum hast du überhaupt ein neues Auto gekauft?
- Weißt du, Luis, das alte Auto war wirklich schon sehr alt. Und ich habe gedacht, dass …

Wichtige Wörter 6a+b

- Das hier ist ein Foto mit meinem Enkel.
- Wer ist dein Enkel?
- Der Junge vorne in dem grünen T-Shirt. Er ist sechs Jahre alt. Die anderen Kinder sind Freunde von ihm.
- Und die können da so einfach auf der Straße Fahrrad fahren? Und die Autos?
- Weißt du, meine Tochter und ihre Familie wohnen am Stadtrand in einer sehr ruhigen Sackgasse. Da gibt es kaum Verkehr und die Autos fahren langsam. Das ist eine Spielstraße.
- Das finde ich wirklich toll. Mein Sohn wohnt mit seiner Familie fast im Stadtzentrum von Stuttgart, und da gibt es sehr viel Verkehr. Die Kinder können nicht so einfach draußen spielen.

Sie müssen immer 20 Minuten mit den Eltern laufen, bis sie zu einem Spielplatz kommen.
- Ja, heute ist es für die meisten Kinder in den Großstädten anders als früher in den Zeiten, als wir Kind waren. Wir hatten zwar kein Internet und Smartphones, aber wir haben viel mehr draußen gespielt als Kinder heute.

Ein neuer Start

4a

- Herr Fuhrmann, früher waren Sie selbstständig und hatten eine Autowerkstatt, heute sind Sie in einem Autohaus angestellt. Warum ist das so?
- Ich bin Kfz-Mechatroniker von Beruf und hatte zehn Jahre eine eigene Autowerkstatt. In den ersten Jahren ging das Geschäft ganz gut. Aber dann hat in der Nähe eine große Werkstatt eröffnet, die sehr billige Angebote hatte. Ich konnte so niedrige Preise nicht bieten, was leider bedeutete, dass viele Kunden zur Konkurrenz gingen.
- Und deshalb wurde die Selbstständigkeit also immer schwieriger?
- Ja, so war es. In den guten Zeiten hatte ich sechs Mitarbeiter und habe gut verdient. Im letzten Jahr meiner Selbstständigkeit hatte ich nur noch einen Angestellten, weil das Geld nicht für mehr Mitarbeiter reichte. Das war eine sehr anstrengende Zeit, und es ist mir dann zu viel geworden. Deshalb habe ich die Werkstatt geschlossen und bin nach Konstanz gezogen, wo ich eine feste Stelle gefunden habe.
- Jetzt sind Sie angestellt, was ist nun anders?
- Nun, ich habe ein regelmäßiges Gehalt und muss mich nicht mehr um alles kümmern und habe fast sechs Wochen Urlaub im Jahr. Ich bin jetzt sehr zufrieden. Die Arbeit macht mir Spaß, die Kollegen und der Chef sind sehr nett, und ich habe mehr Sicherheit als früher.

19

- Guten Tag, ich habe gesehen, dass Sie besondere Kreditangebote für Existenzgründer haben.
- Ja, was für ein Geschäft wollen Sie denn eröffnen?
- Meine Frau und ich möchten einen Taxiservice zu den Flughäfen anbieten.
- Haben Sie schon einen Businessplan?
- Ja, ich habe ihn auch mitgebracht. Hier ist er.
- Vielen Dank. Wie viel Geld brauchen Sie denn?
- Wir brauchen insgesamt 100 000 Euro. 30 000 Euro haben wir gespart.
- Also 70 000 Euro Kredit. Ich weiß aber jetzt noch nicht, ob Sie den Kredit bekommen. Vorher muss ich Ihre Unterlagen genau ansehen.
- Wann bekommen wir Bescheid?
- Ich rufe Sie in den nächsten Tagen an.

21

Was für ein Geschäft wollen Sie eröffnen?
…
Wo wollen Sie das Geschäft eröffnen?
…
Haben Sie schon einen Businessplan?
…
Wann melden Sie das Gewerbe an?
…
Wie viele Mitarbeiter stellen Sie ein?
…
Wie viel Kapital brauchen Sie?
…
Wann brauchen Sie das Geld?
…

22a

Betreff: Existenzgründerkurs
Sehr geehrter Herr Laskari KOMMA
es tut mir leid KOMMA dass ich morgen nicht zum Existenzgründerkurs kommen kann PUNKT Ich bin krank und muss zum Arzt gehen PUNKT Ich wäre Ihnen sehr dankbar KOMMA wenn Sie mir die Unterlagen vom Kurs zuschicken könnten PUNKT Meine E-Mailadresse ist g PUNKT laskari@gmx PUNKT de PUNKT
Vielen Dank für Ihre Mühe PUNKT
Mit freundlichen Grüßen BITTE UNTERSCHREIBEN SIE MIT IHREM NAMEN

Wichtige Wörter 7

Ich habe mich vor zwei Jahren selbstständig gemacht. Ich hatte eine gute Geschäftsidee: eine Kinderbetreuung. Viele Eltern brauchen manchmal Zeit, in der sie alleine etwas erledigen können.
In der Woche ist das meistens kein Problem, weil die Kinder im Kindergarten oder in der Kita sind.
Aber am Wochenende muss man auch mal etwas erledigen oder man möchte in Ruhe einkaufen, und das ist für die Kinder natürlich langweilig. Sie nerven dann und die Eltern können nicht das tun, was sie machen müssen oder machen wollen.
Ich habe deshalb gedacht, es wäre gut, einen Kinderbetreuungsservice anzubieten, stundenweise, besonders für das Wochenende. Die Eltern können ihre Kinder für maximal vier Stunden zu mir bringen.

Eine Stunde kostet 3 Euro. Die Kinder werden von mir betreut und bekommen auch etwas zu trinken. Essen biete ich nicht an, das ist zu kompliziert. Aber die Eltern können den Kindern etwas zu essen mitgeben.

Alle haben mir gesagt, dass das eine wunderbare Idee ist. Aber am Anfang lief es überhaupt nicht. Ich hatte am Wochenende nur drei bis fünf Kinder. – Das lohnt sich dann natürlich nicht.

Ein Freund hat mir dann gesagt, dass ich nicht genug Werbung mache. Ich hatte nur einmal pro Woche eine kleine Anzeige in der Tageszeitung. Mein Service war einfach nicht bekannt genug.

Der Freund hat mir dann geholfen. Er hat mir tolle Flyer erstellt. Die habe ich dann überall verteilt, in Geschäften, Kindergärten und in Vereinen. Das hat natürlich erstmal einiges gekostet.

Flyer sind nicht billig, aber es hat sich gelohnt. Schon ab dem nächsten Monat hatte ich am Wochenende insgesamt dreißig Kinder, – natürlich nicht gleichzeitig. Ich hatte sogar noch mehr Anmeldungen. Aber mehr Kinder kann ich nicht nehmen. So groß ist meine Wohnung nicht. Ich habe aber schon mit einer Freundin gesprochen. Vielleicht arbeiten wir zusammen, dann sind wir noch flexibler. Ich habe viele Ideen.

Natur und Umwelt

3a+b

- Nachdem ich mit Markus und Rolf Wehrle gesprochen habe, steht jetzt das Ehepaar Böhme neben mir, das schon seit vierzehn Jahren im Sommer auf dem Bauernhof der Wehrles Ferien macht. Herr und Frau Böhme, warum sind Sie so oft hier?
- Ja, dafür haben wir viele Gründe. Erstens ist es hier sehr ruhig, wir wohnen in Stuttgart fast im Stadtzentrum und da ist immer sehr viel Verkehr, es ist laut, die Straßen sind sehr eng. Außerdem ist die Luft hier nicht so schmutzig wie in Stuttgart.
- Und hier ist so viel Platz. Man kann durch den Wald laufen, in den Bergen wandern. Das machen wir sehr gerne. Oft sitzen wir auch einfach nur auf dem Balkon unserer Ferienwohnung und genießen die Aussicht auf das Gebirge. Als unsere Kinder noch kleiner waren, konnten sie hier auf dem Hof und an dem Bach wunderbar spielen. Außerdem waren die Tiere für sie sehr interessant und sie haben gelernt, wie das Leben auf einem Bauernhof ist.
- Aber heute sind Ihre Kinder nicht mehr dabei…
- Nein, jetzt sind sie 16 und 18 Jahre und sie sind keine Kinder mehr. Sie haben keine Lust mehr, mit uns mitzukommen, denn sie können hier nicht so viel machen. Im Moment haben sie mehr Interesse an Partys oder Kinobesuchen und weniger am Landleben. Sie sind noch nicht so vom Berufsleben gestresst wie wir, dass sie Ruhe brauchen.
- Außerdem machen hier auch andere Familien schon seit vielen Jahren Ferien und wir kennen uns sehr gut. Wir erleben hier eine freundschaftliche Nachbarschaft, wie sie in den großen Städten nur selten ist. Auch mit den Wehrles verstehen wir uns sehr gut, wir sind fast wie eine große Familie.
- Dann wünsche ich Ihnen noch viel Spaß im Urlaub. Vielen Dank für das Gespräch.

11

1
- Ich hätte den Vorschlag, dass man Privatautos verbietet.
- Ich meine, das ist unrealistisch. Es ist nicht möglich, dass alle nur noch öffentliche Verkehrsmittel benutzen.

2
- Es ist wichtig, dass wir weniger Strom verbrauchen.
- Ich glaube, das ist eine sinnvolle Idee. Wir sollten nie vergessen Elektrogeräte, die wir nicht benutzen, auszuschalten.

3
- Die Politiker müssten mehr Gesetze für den Umweltschutz machen.
- Vielleicht, aber wir sollten uns nicht nur auf die Politik verlassen. Jeder muss etwas tun.

4
- Man sollte auch mehr Wasser sparen.
- Das sehe ich auch so. Dann gibt es auch weniger Probleme mit dem Trinkwasser.

20

Amt für Abfallwirtschaft, Beata Lauck. Was kann ich für Sie tun?

…

Ja, kein Problem. Dafür müssen Sie uns eine Sperrmüllkarte schicken.

…

Auf unserer Internetseite können Sie eine Sperrmüllkarte ausfüllen und an uns schicken.

…

Ja, das ist wichtig. Wir müssen wissen, wie viel und was es ist.

…

Nein, bitte stellen Sie den Müll noch nicht vor die Tür. Wir teilen Ihnen schriftlich mit, wann wir kommen. Das dauert ein paar Tage.

…
Ja, aber wir müssen erst prüfen, ob das möglich ist. Aber meistens ist das kein Problem.
…

Wichtige Wörter 7

1. der Hirsch, die Hirsche – der Affe, die Affen - das Huhn, die Hühner – die Wespe, die Wespen – die Mücke, die Mücken
2. die Giraffe, die Giraffen – das Kaninchen, die Kaninchen – der Bär, die Bären – der Wolf, die Wölfe – der Tiger, die Tiger – der Elefant, die Elefanten
3. das Schwein, die Schweine – das Känguru, die Kängurus – der Krebs, die Krebse – die Biene, die Bienen
4. die Spinne, die Spinnen – der Regenwurm, die Regenwürmer – der Fuchs, die Füchse – die Maus, die Mäuse

Gesund werden und bleiben

3, 4

- Polizeinotruf.
- Hier spricht Sophie Basil. Auf der L128 gibt es einen Unfall.
- Was ist passiert?
- Ein Auto ist gegen einen Baum gefahren.
- Wann ist der Unfall passiert?
- Vor wenigen Minuten.
- Ist jemand verletzt?
- Ja, der Autofahrer kann seine Beine nicht bewegen. Schicken Sie schnell einen Krankenwagen.
- Wo genau ist der Unfall auf der L128 passiert?
- Zwei Kilometer vor dem Ortseingang von Olstadt.
- Wir kommen sofort. Bitte bleiben Sie am Unfallort.
- Ja, natürlich.

5

- Polizeinotruf.
- …
- Wo ist der Unfall passiert?
- …
- Was ist passiert?
- …
- Ist jemand verletzt?
- …
- Der Pkw-Fahrer ist unverletzt?
- …
- Aha, Fahrerflucht. Ich schicke den Notarzt und die Polizei. Bitte bleiben Sie am Unfallort.
- …

15a+b

- Herr Dittrich, Sie arbeiten viel mit Senioren. Sie machen Kurse und arbeiten in drei verschiedenen Seniorenheimen. Was sind Ihre Erfahrungen?
- Ich arbeite sehr gerne mit Senioren. Der medizinische Fortschritt hat dazu geführt, dass die Menschen viel älter werden als früher. Und sie werden nicht nur älter, sondern sie bleiben auch fitter. Vor hundert Jahren war man mit 60 oder 70 Jahren sehr alt und meistens auch körperlich nicht mehr leistungsfähig. Heutzutage ist das ganz anders. Ich arbeite viel mit 80- und auch 90-Jährigen, die noch sehr fit sind. Natürlich können sie nicht mehr viel Sport machen oder große Reisen unternehmen, aber sie sind geistig noch sehr aktiv und interessieren sich für viele Dinge. Und sie möchten auch gerne geistig aktiv bleiben und ihr Gehirn trainieren.
- Und was ist Ihre Tätigkeit dort? Sind Sie Altenpfleger?
- Nein, nein, ich bin nicht Altenpfleger. Ich arbeite nicht in der Pflege, sondern in der Betreuung. Ich biete den Senioren in verschiedenen Seniorenheimen interessante Beschäftigung an: Gehirnjogging, Training für das Denken, für das Gedächtnis. Denn nicht nur durch gesundes Essen und regelmäßige körperliche Bewegung bleibt man gesund. Der Kopf braucht auch Anregung und Training, damit man bis ins hohe Alter geistig aktiv bleibt. Ich mache zum Beispiel Ratespiele, Puzzle, Zahlenspiele oder kleine Geschichten. Das ist alles Training für das Denken. Es gibt auch viele andere Möglichkeiten. Eine Kollegin von mir zum Beispiel arbeitet mit Musik. Sie spielt Gitarre und singt mit Senioren. Das ist auch sehr beliebt.
- Wie sind Sie zu dem Beruf gekommen?
- Schon als Schüler habe ich gerne Gedächtnisübungen gemacht, unter anderem um Vokabeln in Englisch und Französisch schneller zu lernen. Nach meinem Wirtschaftsstudium habe ich einige Jahre bei einer Bank gearbeitet und daneben eine Ausbildung zum Gedächtnistrainer gemacht. Dann habe ich meine ersten Kurse angeboten. Ja, und jetzt ist es mein Hauptberuf.
- Arbeiten Sie nur mit Senioren?
- Die meisten Kurse mache ich in Seniorenheimen. Aber eigentlich sind diese Übungen nicht nur für Senioren, sondern für alle Menschen geeignet. Ich mache auch zwei Kurse an der Volkshoch-

Hörtexte

schule. Da sind viele Teilnehmer, die 30 Jahre oder jünger sind und ihr Gedächtnis aus beruflichen Gründen trainieren wollen. Viele Leute kommen auch, weil sie neugierig sind, oder weil sie etwas für ihre Gesundheit tun wollen. Denn wenn man sein Gedächtnis regelmäßig trainiert, funktioniert es auch im Alter noch gut.
- Herr Dittrich, vielen Dank für das Interview!

Wichtige Wörter 4

1. die Niere, die Nieren – die Nervenzelle, die Nervenzellen – der Darm, die Därme
2. das Handgelenk, die Handgelenke – das Fußgelenk, die Fußgelenke – die Zunge, die Zungen
3. der Nacken, die Nacken – das Gehirn, die Gehirne – das Blutgefäß, die Blutgefäße
4. das Blutkörperchen, die Blutkörperchen – die Haut, die Häute – das Skelett, die Skelette

Wichtige Wörter 7

Ich habe das Foto hier ausgewählt. Auf dem Foto sieht man eine Gruppe von Leuten, die einen Gymnastikkurs machen. Sie sitzen auf einem großen Ball und haben ein Gewicht, eine Hantel, in der Hand. Ich glaube, die Gymnastik macht ihnen Spaß, denn sie sehen fröhlich aus. In der Gruppe sind Männer und Frauen gemischt. Sie sind auch unterschiedlich alt.
Rechts ist eine Frau, die vielleicht 60 oder 70 Jahre alt ist und links daneben ist eine junge Frau. Ganz links sind auch zwei Männer, ein Mann ist schon älter, einer ist jünger. Sie sind keine Profisportler, sondern sie sind ganz normale Leute, die etwas für ihre Gesundheit tun wollen.
Sie schauen alle nach vorne bzw. auf dem Foto nach links. Wahrscheinlich steht dort der Trainer, der die Übungen vormacht.
Ich kenne diese Situation. Bei uns im Turnverein gibt es zweimal in der Woche abends eine Gymnastikgruppe, an der jeder teilnehmen kann. Ich gehe schon seit zwei Jahren zu dieser Gruppe und kenne viele Leute schon sehr gut. Bei uns ist es auch gemischt. Ein Mann ist schon 81. Manchmal kann er nicht alles mitmachen, aber er ist noch sehr fit.
Die meisten von uns sind berufstätig. Viele arbeiten am Computer, einige sind Lkw-Fahrer, andere Krankenschwestern so wie ich. Wir haben alle das Problem, dass wir manchmal von unserer Arbeit Rückenschmerzen bekommen und deshalb etwas für unseren Rücken tun müssen. Wenn ich regelmäßig zur Gymnastik gehe, habe ich keine Probleme, aber wenn ich mal keine Zeit habe oder zu faul bin, dann merke ich schnell, dass mir der Rücken wehtut. In meiner Heimat gibt es solche Kurse nicht. Es gibt Sportkurse nur für Kinder in der Schule oder natürlich für Leistungssportler. Sport für Leute so wie mich, das habe ich erst hier in Deutschland kennengelernt. Ich finde das sehr gut und es ist auch nicht so teuer wie ein Fitnessstudio.

Politik und Gesellschaft

6a+b

- Wir von Radio Fünf haben eine Straßenumfrage gemacht und wollten wissen, welche politischen Themen die Bürger besonders wichtig finden. Herr Stein, 52 Jahre, sagt …
- Mir persönlich geht es gut, aber ich denke, dass in Deutschland viele Menschen in einer schwierigen sozialen Situation leben. Das bemerke ich jeden Tag. Zum Beispiel fühle ich mich leider nicht mehr sicher, wenn ich nachts und besonders am Wochenende mit der U-Bahn oder der S-Bahn fahre. Oft sind da Leute, die zu viel Alkohol getrunken haben. Sie sind sehr laut, suchen Streit und manchmal machen sie auch die Sitze kaputt. Ich denke, man sieht daran, dass die Leute unzufrieden sind. Die Politiker müssen etwas tun. Sie müssen Arbeits- und Ausbildungsplätze für alle schaffen und Menschen, die wenig verdienen, finanziell unterstützen. Wenn die Menschen zufriedener sind, gibt es auch nicht so viele Probleme mit Alkohol und die Straßen werden wieder sicherer. Aber es wäre auch gut, wenn die Polizei an den Haltestellen und Stationen mehr kontrollieren würde.
- Und Frau Sahiti sagt Folgendes.
- Meiner Meinung nach muss sich die Politik vor allem mehr mit dem Schutz der Umwelt beschäftigen. Man tut schon viel, aber es ist noch lange nicht genug. Auch die Bildung hat für mich große Bedeutung. Man sollte mehr dafür tun, dass die Kinder in der Schule die gleichen Chancen haben. Es ist wichtig, dass alle Kinder einen Schulabschluss machen, und dass die Jugendlichen dann auch eine Ausbildung oder einen Studienplatz bekommen. Wichtig ist auch die Unterstützung der Familien, z. B. sollte es bessere Angebote für Kinderbetreuung geben.

9

- Guten Abend, meine Damen und Herren. In unserer heutigen Diskussionsrunde geht es um die Verkehrspolitik unserer Stadt. Zu diesem Thema haben wir vier Bürger eingeladen. Herr Rolland, was meinen Sie?
- Meiner Meinung nach haben die Autofahrer viel zu viele Vorteile. Für die Radfahrer tut der Stadtrat fast nichts. Es gibt zum Beispiel nur sehr wenige Radwege.
- Was sagen Sie, Frau Pix?
- Also, da habe ich eine ganz andere Meinung. Für die Radfahrer tut die Stadt genug, aber wir Autofahrer haben oft Probleme, im Stadtzentrum einen Parkplatz zu finden. Ich verstehe nicht, warum man kein neues Parkhaus baut.
- Was meinen Sie dazu, Frau Kressin?
- Ich finde es gut, dass es nicht so viele Parkmöglichkeiten in der Innenstadt gibt. Je weniger Autos in der Innenstadt fahren, desto ruhiger ist es und desto schöner ist es einzukaufen oder ins Café zu gehen. Man kann auch sehr gut mit öffentlichen Verkehrsmitteln ins Stadtzentrum fahren. Oft ist man dann sogar schneller als mit dem Auto.
- Und Ihre Meinung, Herr Palmer?
- Es stimmt, was Frau Kressin über die öffentlichen Verkehrsmittel sagt, aber sie haben auch Nachteile. Vor zwei Monaten sind die Preise gestiegen. Und eine Monatskarte kostet jetzt 55 Euro, was für viele Bürger zu viel ist. Außerdem sind die Fahrpläne oft sehr ungünstig und besonders abends ist es schwer, aus den Vororten in die Stadt zu kommen.

Wichtige Wörter 3

Der Bundestag wird alle 4 Jahre vom Volk gewählt. Wahlberechtigt sind alle deutschen Staatsbürger ab 18 Jahren. Außerdem wählen die wahlberechtigten Bürger die Landesparlamente.
Der Bundestag wählt die Bundeskanzlerin oder den Bundeskanzler, die oder der dann die Bundesminister und Bundesministerinnen vorschlägt.
Der Bundespräsident oder die Bundespräsidentin ernennt dann die Mitglieder der Bundesregierung. Das Volk wählt alle fünf Jahre die Landesparlamente, in Bremen alle vier Jahre. Die Landesparlamente wählen die Landesregierungen.

Wichtige Wörter 4b

1. Die DDR und die Bundesrepublik Deutschland wurden 1949 gegründet.
2. 1955 traten die Bundesrepublik der NATO und die DDR dem Warschauer Pakt bei.
3. Am 13. August 1961 wurde die Mauer gebaut. Und am 9. November 1989 ist die Mauer gefallen.
4. Die D-Mark wurde am 1. Juli 1990 in der DDR eingeführt. Sie war bis 2001 Zahlungsmittel in Deutschland.
5. Die DDR und die BRD wurden am 3.10.1990 wiedervereinigt.
6. Der erste Bundestag für Gesamtdeutschland wurde am 2. Dezember 1990 gewählt.

Wie wird es sein?

10

1.
   - Weißt du, wo Tom ist? Er wollte doch kommen.
   - Ach, der steht vielleicht irgendwo im Stau. Der wird bestimmt kommen.
2.
   - Kommst du morgen Nachmittag mit zum Joggen?
   - Nur, wenn ich fit bin. Ich muss morgen zuerst im Garten arbeiten, danach bin ich meistens müde.
3.
   - Was machst du am Wochenende?
   - Das Wetter soll gut werden. Eventuell fahren wir in die Berge und gehen wandern.
4.
   - Was meinst du, können wir morgen grillen?
   - Hast du den Wetterbericht gehört? Wolken und Regen den ganzen Tag hier im Süden. Und der Wetterbericht hat meistens Recht. Das wird bestimmt nichts mit Grillen.
5.
   - Kommt ihr mit ins Kino am Wochenende?
   - Lust habe ich. Aber ich weiß nicht, ob wir einen Babysitter haben. Ich kann mal Miriam fragen. Vielleicht klappt es, dann sage ich dir Bescheid.

14a+b

1.
   - Also, Charlotte, ich wünsch dir eine gute Reise. Es war schön, dass du hier warst. Lass mal von dir hören und besuch uns bald wieder.
   - Ich habe mich auch gefreut, euch wiederzusehen. Wir müssen unbedingt in Kontakt bleiben.

Hörtexte

- Ja, unbedingt. Und ich möchte wissen, wie es deinen beiden Enkeln geht. Schick mal ein paar Fotos.
- Ja, das mach ich.

2
- Und so komme ich zum Ende meiner Rede, liebe Schülerinnen und Schüler. Zehn Jahre von der Grundschule bis zum Realschulabschluss liegen jetzt also hinter Ihnen. In Ihrem Leben beginnt nun ein neuer Abschnitt. Ich wünsche Ihnen allen alles Gute und viel Glück!

3
- So, jetzt ist fast alles im Möbelwagen. Gleich geht's los. Jetzt müssen wir endgültig auf Wiedersehen sagen.
- Auf Wiedersehen, Herr Ahmadi. Schade, dass Sie wegziehen. Wir werden Sie als Nachbarn vermissen. Sie werden uns fehlen.
- Sie uns auch. Ich hoffe, dass unsere neuen Nachbarn auch so nett sind, wie Sie es hier waren.
- Wir wünschen Ihnen einen guten Start in Dortmund.
- Vielen Dank. Ihnen auch alles Gute!

4
- Herr Molina, auf Wiedersehen. Es war sehr angenehm, mit Ihnen zu arbeiten.
- Ich habe mich auch sehr gefreut, Sie kennengelernt zu haben. Schade, dass Sie uns schon wieder verlassen! Ich wünsche Ihnen beruflich und privat alles Gute.
- Vielen Dank!

16

Hallo, wie geht's bei Ihnen? Haben Sie schon alles gepackt?
…
Schade, dass Sie uns hier verlassen.
…
Das kann ich natürlich verstehen. Aber wir werden Sie hier vermissen.
…
Tja, dann wünsche ich Ihnen einen guten Start! Und viele Grüße an Ihre Frau.
…
Danke.

17

Liebe Freunde KOMMA
nächste Woche Montag ziehen wir um PUNKT Deshalb feiern wir eine Abschiedsparty PUNKT Kommt am Samstag ab 19 Uhr zu uns in die Bobstraße 5 PUNKT Wenn ihr Zeit und Lust habt KOMMA könnt ihr gerne einen Salat mitbringen PUNKT Getränke besorgen wir PUNKT
Wir freuen uns auf euch AUSRUFEZEICHEN
Liebe Grüße
Hasret, Steve, Ben und Anna

Wichtige Wörter 7

- Unser Thema sind heute „Prüfungen" und vor allem die Vorbereitung auf Prüfungen. Frau Gerbig, bitte erzählen Sie doch einmal: Was war Ihre letzte Prüfung und wie haben Sie sich darauf vorbereitet?
- Ich hatte gerade letzte Woche meine theoretische Führerscheinprüfung. Dafür muss man viel auswendig lernen. Man muss erst den Unterricht mitmachen und natürlich lernt man da auch schon. Aber ich habe oft nicht so gut aufgepasst im Unterricht. Ich fand es nicht so interessant. Und als ich mich angemeldet hatte und der Termin für die Prüfung klar war, habe ich ein bisschen Panik bekommen. Ich hatte nur noch 4 Wochen, und in der Zeit musste ich ja auch jeden Tag arbeiten und hatte nicht viel Zeit für das Lernen. Deshalb habe ich mir einen Lernplan gemacht. Ich habe die Zeit notiert, in der ich lernen konnte. Und dann habe ich den Lernstoff verteilt. In der ersten Zeit habe ich alles einmal gelernt und dann habe ich systematisch wiederholt. Ich kann auch gut lernen, wenn ich mit anderen darüber spreche. Deshalb habe ich mich mit einem Bekannten getroffen, der sich auch zur Prüfung angemeldet hatte. Wir haben uns gegenseitig abgefragt. Das hat mir geholfen. Ich habe mit nur zwei Fehlerpunkten bestanden.
- Herzlichen Glückwunsch! Das war eine erfolgreiche Prüfungsvorbereitung. Herr Turabi, wie ist es bei Ihnen? Wie bereiten Sie sich auf Prüfungen vor?
- Ich kann leicht lernen, wenn ich ganz konzentriert bin. Deshalb ist es für mich nicht gut, wenn ich viele Stunden hintereinander zu Hause sitze und lerne. Dann werde ich müde und unkonzentriert und dann bringt es sowieso nichts mehr. Ich lerne immer nur eine kurze Zeit, vielleicht eine oder zwei Stunden am Stück. In der Zeit mache ich überhaupt nichts anderes. Mein Handy ist ausgeschaltet, ich esse nichts, rede nicht mit anderen, gehe nicht an die Haustür. Ich konzentriere mich ganz auf das Lernen. Und danach mache ich etwas Entspannendes, z. B. gehe ich spazieren oder joggen. Und, was mir auch ganz wichtig ist: Ich schlafe viel vor einer Prüfung. Ich gehe früh ins Bett, spiele keine Computerspiele. Bei mir ist das die beste Methode.
- Vielen Dank, wir kommen jetzt zu …

Bildquellen

Cover Cornelsen/Björn Schumann – **S. 3** unten: Badge Apple-Store: Apple Inc. – IP&Licensing; Badge Google App-Store: Google Ireland Ltd. – **S. 84** Flugzeug: Fotolia/Thomas Söllner; Eiffelturm: Fotolia/rabbit75_fot; Gebirge: Fotolia/vladislav333222; Surfer: Fotolia/Vacclav – **S. 85** oben: Fotolia/Heinz Waldukat; unten: Shutterstock/NAN728 – **S. 86** 1: Fotolia/JiSign; 2: Fotolia/boscorelli; 3: Fotolia/Osterland; 4: Fotolia/fefufoto; 5: Fotolia/T. Michel u. Fotolia/bluedesign; S+U-Schild: Shutterstock/FooTToo; 6: imago; 7: Fotolia/PictureP.; 8: Fotolia/animaflora – **S. 87** Fotolia/industrieblick – **S. 88** Fotolia/annapustynnikova – **S. 91** links: Allgemeiner Deutscher Fahrrad-Club e.V. (ADFC); Mitte: www.adac.de; rechts: Verkehrsclub Deutschland e.V. (VCD) – **S. 94** Dynamo: Fotolia/Michael Schütze; Fahrrad: Shutterstock/Ovchinnkov Vladimir; Fahrradklingel: Shutterstock/Alexander Gordeyev; Fahrradhelm: Fotolia/Picture-Factory – **S. 95** 1: Fotolia/Kara; 2: Shutterstock/Mat Hayward; 3: Fotolia/chulja; 4: Fotolia/V&P Photo Studio – **S. 96** Shutterstock/Igor Stepovik – **S. 97** Shutterstock/Corepics VOF – **S. 98** Shutterstock/Madlen – **S. 101** Fotolia/magele – **S. 102** Fotolia/Robert Kneschke – **S. 103** Fotolia/Rawpixel.com – **S. 106** 1: Fotolia/contrastwerkstatt; 2: Fotolia/seen0001; 3: Fotolia/photo 5000; 4: Fotolia/industrieblick – **S. 107** A: Fotolia/DOC RABE Media; B: Fotolia/contrastwerkstatt; C: Clip Dealer/Alfred Hofer; D: Shutterstock/Rawpixel.com; E: www.colourbox.de; F: Fotolia/Kzenon; G: Clip Dealer/Convisum; H: Shutterstock/Lisa S.; I: Fotolia/Thomas Söllner – **S. 110** Fotolia/Piotr Marcinski – **S. 112** Shutterstock/happydancing – **S. 113** Shutterstock/mmphotographie.de – **S. 114** Fotolia/Kalle Kolodziej – **S. 118** 1: Fotolia/shocky; 2: Fotolia/Alexandr Vasilyev; 3: Fotolia/glifeisgood; 4: Fotolia/Dusan Kostic; 5: Fotolia/Belodarova; 6: Fotolia/pixelnest; 7: Fotolia/byrdyak; 8: Fotolia/nechaevkon; 9: Fotolia/Richard Carey; 10: Fotolia/tutye; 11: Fotolia/artush; 12: Fotolia/giorgiape; 13: Fotolia/dame_grenache; 14: Fotolia/sanpom; 15: Fotolia/Photocreo Bednarek; 16: Fotolia/frenk58 – **S. 119** 17: Fotolia/callipso88; 18: Fotolia/Kadmy; 19: Fotolia/vladislav333222; 20: Colourbox; 21: Fotolia/Distraction Arts; 22: Fotolia/EcoView; 23: Shutterstock/Maria Ivanushkina; 24: Fotolia/countrypixel; 25: Fotolia/Kletr; 26: Fotolia/Victor Tyakht; 27: Fotolia/butterfly-photos.org; 28: Fotolia/So happy; 29: Fotolia/Soru Epotok; 30: Fotolia/sduben; 31: Shutterstock/Anri Gor; 32: Fotolia/BillionPhotos.com – **S. 120** 1: Fotolia/industrieblick; 2: Fotolia/nacroba; 3: Fotolia/industrieblick – **S. 121** oben 1: Fotolia/eevl; 2: Fotolia/Gina Sanders; 3: Fotolia/Gina Sanders; 4: Fotolia/rbkelle; unten 1: Shutterstock/Stefan Holm; 2: Fotolia/EcoView; 3: Fotolia/MajaCvetojevic; 4: Fotolia/Rita Kochmarjova – **S. 124** v.l.n.r.: Fotolia/Africa Studio; Fotolia/Monkey Business; Fotolia/Guido Grochowski; Fotolia/Photographee.eu – **S. 128** Hintergrund: Fotolia/Wolfilser – **S. 129** A: Fotolia/Robert Kneschke; B: Fotolia/gbzero; C: Fotolia/Claudia Paulussen – **S. 131** oben v.l.n.r.: Fotolia/fotoart-wallraf; Fotolia/denisIsmagilov; Fotolia/fotomaximum; Shutterstock/Marcio Jose Bastos Silva; unten: Fotolia/Piotr Wawrzyniuk – **S. 133** Fotolia/Kzenon – **S. 134** 1: Fotolia/psdesign1; 2: Fotolia/ag visuell; 3: Fotolia/ag visuell; 4: Fotolia/ipopba; 5: Fotolia/nerthuz; 6: Shutterstock/Seanika; 7: Fotolia/triocean; 8: Fotolia/decade3d; 9: Fotolia/lom123; 10: Shutterstock/kerenby; 11: Shutterstock/jugulator; 12: Shutterstock/decade3d - anatomy online – **S. 135** A: Fotolia/Photographee.eu; B: Fotolia/Robert Kneschke; C: Fotolia/Robert Kneschke; D: Fotolia/drubig-photo – **S. 136** Shutterstock/Kristo-Gothard Hunor – **S. 138** 1: Colourbox; 2: Fotolia/michaeljung – **S. 141** Fotolia/Janina Dierks – **S. 142** Shutterstock / DW labs Incorporated – **S. 143** EZB: Shutterstock/khwi; Europäisches Parlament Brüssel: Shutterstock/Bernhard Richter; Europäisches Parlament Straßburg: Shutterstock/Pack-Shot; EU-Flagge: Shutterstock/Andrey_Kuzmin; Plenarsaal: Shutterstock/Six Dun – **S. 147** 1: picture alliance / ASSOCIATED PR; 2: picture-alliance/dpa; 3: Shutterstock/Gilmanshin; 4: picture-alliance/dpa; 5: Fotolia/Increa; 6: action press/ullstein bild - R. Dietrich; 7: F1online; 8: Fotolia/Sascha F.; 9: picture alliance/zb/Paul Glaser; 10: picture-alliance/dpa – **S. 148** oben: Fotolia/mopsgrafik; unten: Shutterstock/Rawpixel.com – **S. 151** oben v.l.n.r.: Fotolia/Petair; akg-images; Fotolia/dimon044; Fotolia/Zerbor; Mitte: Fotolia/uwimages; unten: Fotolia/grafikplusfoto – **S. 153** oben: Fotolia/Kaesler Media; unten v.l.n.r.: Fotolia/Bobo; Fotolia/aletia2011; Fotolia/WavebreakmediaMicro; Fotolia/kasto – **S. 154** F1online – **S. 159** 1: CornelsenHugo Herold Fotokunst; 2: Fotolia/Alexander Raths; 3: Fotolia/auremar; 4: Fotolia/drubig-photo – **S. 161** v.l.n.r.: Fotolia/Gina Sanders; Fotolia/Kenneth Keifer; Shutterstock/PRILL; Shutterstock/fizkes

Notizen

Notizen